3 bis 8 Jahre

Gabriela Rosenwald

Das HERBSTBUCH

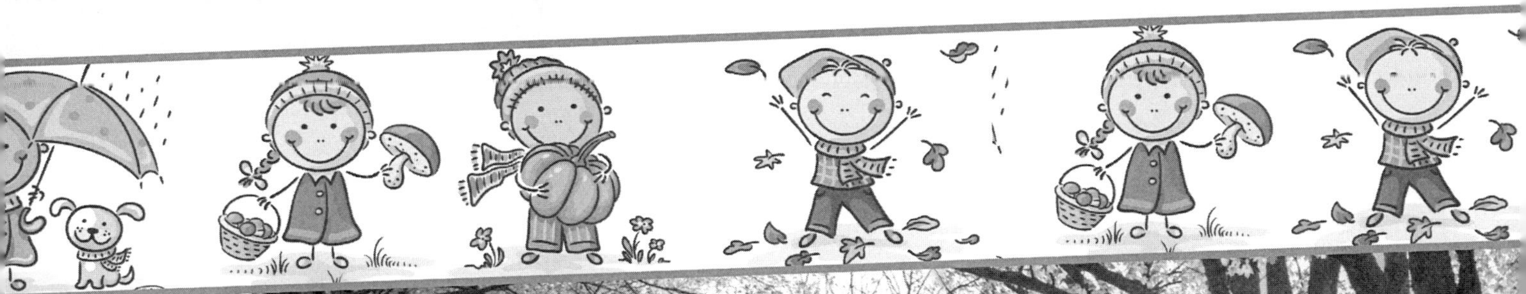

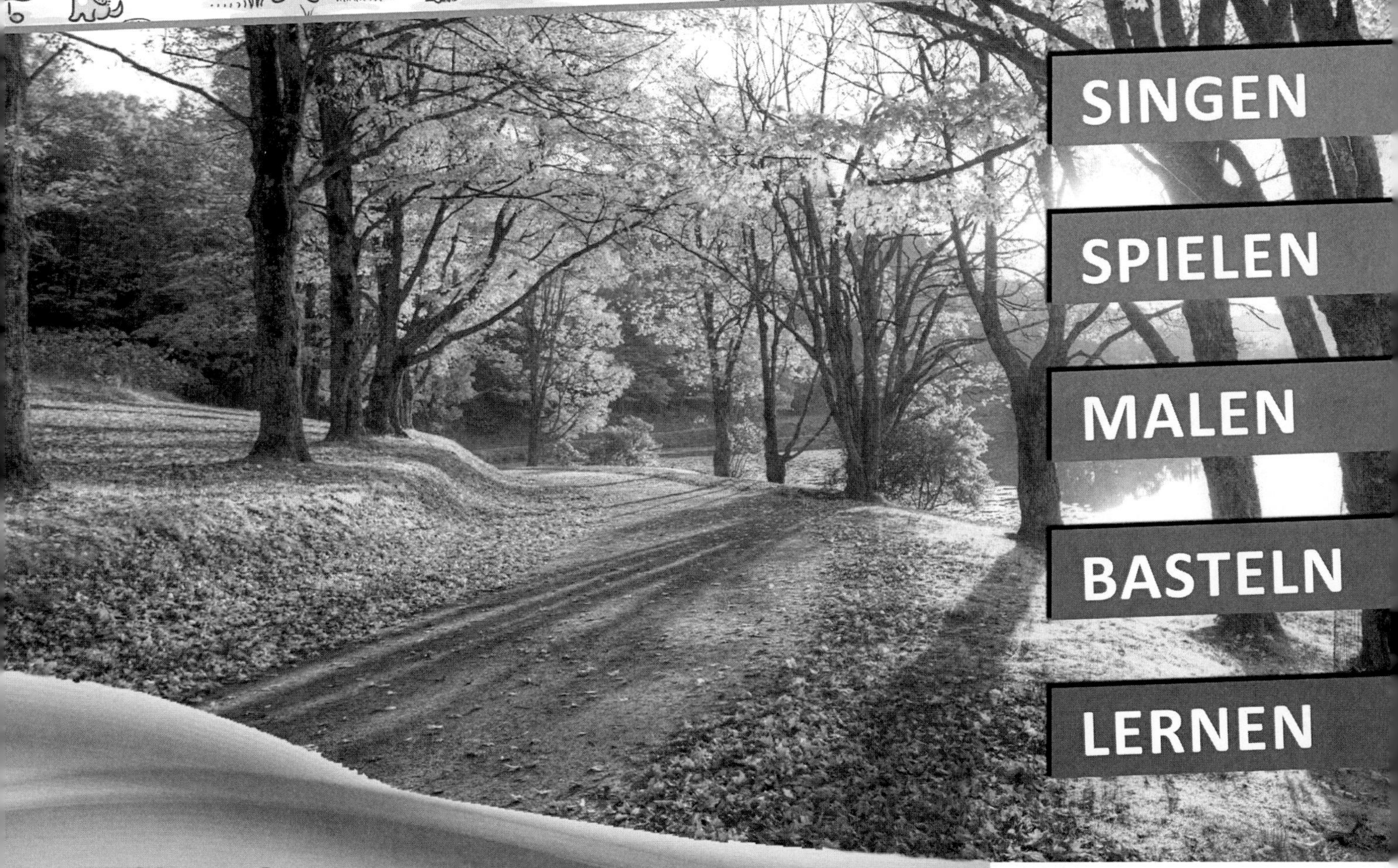

SINGEN

SPIELEN

MALEN

BASTELN

LERNEN

Stilleübungen
Fantasiereisen
Spannende Geschichten ...

www.kohlverlag.de

Das Herbstbuch

5. Auflage 2021

Inhalt: Gabriela Rosenwald
Coverbild: © Denchik, kevron2001 & katerina_dav - fotolia.com
Redaktion: Kohl-Verlag
Grafik & Satz: Kohl-Verlag
Druck: Druckhaus DOC GmbH, Kerpen

Bestell-Nr. 11 812

ISBN: 978-3-95686-812-2

Inhaltsverzeichnis

KOHL VERLAG Lernen mit Erfolg
Das Herbstbuch
Singen • Spielen • Malen • Basteln • Lernen – Bestell-Nr. 11 812

Vorwort

Während der Kindergartenzeit, im Alter von 3 bis 6 Jahren, entwickeln sich Kinder entscheidend weiter. Die kindliche Entwicklung schreitet ganz unterschiedlich voran.
Zusätzlich stellt uns die Inklusion vor neue Herausforderungen. So ist in diesem Heft eine Fülle an differenzierten – leichte, mittlere, schwerere - Anleitungen und Aufgaben gegeben.

Vieles lässt sich in leichtere und schwierigere Passagen aufteilen, sodass alle Kinder beteiligt werden können. In den Kästchen auf (fast) jeder Seite finden Sie Anleitungen, die Sie vorlesen und weitergeben können.
Die Natur rüstet sich für den Winter. Viele Vögel ziehen in den Süden, andere Tiere wie Igel oder Fledermaus suchen Quartiere für ihren Winterschlaf, das Eichhörnchen sorgt mit Vorräten vor. Morgens wird es später hell und abends früher dunkel – die Tage werden kürzer.

Doch Spaziergänge in Park und Wald bescheren jede Menge Beute: Eicheln, Kastanien, bunte Blätter, Bucheckern und ihre Schalen…
Es gibt im Herbst nicht nur sonnige Tage. Nicht jedes Wetter lädt definitiv zum Verweilen in der Natur ein. Es gibt bereits kalte und ungemütliche Tage. So empfiehlt es sich, die sonnigen Herbsttage zu nutzen, um bei Spaziergängen jede Menge bunte Blätter, Eicheln, Kastanien usw. zu sammeln.
Wichtig: Die gesammelten Schätze sollten im Kindergarten ausgebreitet und getrocknet werden, um sie vor Schimmel zu schützen.
Die hier aufgeführten Ideen und Anleitungen sorgen für Kurzweile und Spaß an trüben Herbsttagen.

Für ihre fachliche Unterstützung möchte ich der Erzieherin und Heilpädagogin Sabine Brockmann herzlich danken!

Viel Freude und frohes Schaffen mit dem vorliegenden Herbstband wünschen Ihnen der Kohl-Verlag und

Gabriela Rosenwald

1 Herbstbäume

Aufgabe

Die Kinder sammeln bunte Blätter und ordnen sie den verschiedenen Baumarten zu. Natürlich müssen Sie die Namen mehrmals vorlesen, doch bald wissen die Kinder, welche Blattform zu welchem Baum gehört.

Zum Vorlesen

„Im September färben sich die Blätter der Pflanzen und Bäume in den schönsten Farben. Im Sonnenschein leuchten die Blätter goldgelb, orange, rot, braun, grünbraun und in vielen anderen Farben. Im Oktober werfen die Bäume dann die Blätter ab und bereiten sich auf die Winterruhe vor."

Birke  **Ahorn**  **Eiche**

Linde  **Kastanie**  **Roteiche**  **Buche**

Das Herbstbuch
Singen • Spielen • Malen • Basteln • Lernen – Bestell-Nr. 11 812
KOHL VERLAG

2 Herbstblätter

Aufgabe

Die Kinder betrachten die bunten Herbstblätter und gegebenenfalls die gesammelten Gegenstände aus der Natur auf einem Spaziergang oder im Garten. Nun gestalten sie ein besonders schönes Farbenspiel auf dem Blatt unten, am besten mit Wasserfarben, die auch ineinander verlaufen dürfen. Die Blätter können ausgeschnitten und in einer Reihe als „Galerie" aufgehängt werden. Besonders effektvoll ist auch das Aufkleben der bunten Blätter auf schwarzen Tonkarton. Sollen die Blätter beidseitig bestaunt oder als Mobile aufgehängt werden, so werden sie auch rückseitig bemalt.

3 Domino im Herbstwald

Aufgabe

Alle Kärtchen werden ausgeschnitten. Sie werden so gelegt, dass immer die gleichen Teile aneinanderliegen. Sie können waagerecht oder senkrecht aneinandergelegt werden.

Das Herbstbuch
Singen • Spielen • Malen • Basteln • Lernen – Bestell-Nr. 11 812
KOHL VERLAG Lernen mit Erfolg

4 Mitmach-Geschichte im Herbstwald

Aufgabe

Wenn das Wetter im Herbst einmal nicht für einen Waldspaziergang geeignet ist, folgt hier eine Geschichte zum Mitmachen, die man im Park oder Wald, aber auch im Gruppenraum oder in der Turnhalle durchführen kann. Die Geschichte ist zum Vorlesen oder freien Erzählen. Es muss nicht wortgenau sein. Führen Sie die angegebenen Bewegungen aus, damit die Kinder sie nachspielen können. Die Kinder sind dazu eingeladen, weitere Handlungen oder das Ende der Geschichte zu erfinden. Das Rascheln kann z.B. mit dem Zerknittern von Cellophanpapier erzeugt werden, das Tock, Tock mit den Fingerknöcheln auf dem Tisch usw..

Zum Vorlesen

„Heute machen wir einen Spaziergang durch den Herbstwald. *(im Raum umhergehen)*
Das Laub raschelt unter meinen Füßen. *(es raschelt – Cellophanpapier?)*
Plötzlich fällt etwas auf meinen Kopf. *(mit den Fingern auf den Kopf klopfen „tock, tock")*
Es sind Eicheln. Ich suche sie auf dem Boden. *(bücken und am Boden suchen)*
Da, eine Eichel! Die hebe ich auf. *(aufheben)*
Ich nehme sie mit. *(Eichel in die Tasche schieben)*
Ich gehe weiter durch das Laub. *(„raschel, raschel")*
Da glänzt etwas rotbraun zwischen dem Laub. Eine Kastanie! Die nehme ich auch mit. *(wieder bücken und die „Kastanie" in die Tasche stecken)*
Huch! Da hüpft etwas über meine Füße! *(nach hinten springen)*
Es ist ein Eichhörnchen! Ich bücke mich und locke es an. *(bücken und Hand vorstrecken)*
Es kommt näher. Da denke ich an die Eichel. Ich hole sie aus der Tasche. *(herausholen)*
Ich halte sie dem Eichhörnchen hin. *(flache Hand vorstrecken)*
Doch es erschrickt und springt davon. *(nachsehen)*
Ich stecke die Eichel wieder in meine Tasche. *(Hand in die Tasche und wieder herausziehen)*
Ich gehe weiter durch den Wald..." *(„raschel, raschel")*
.....

5 Bewegungsgeschichte – Blättertanz

Aufgabe

Lädt das nasskalte Herbstwetter nicht zum Spielen und Toben draußen ein, können Sie mit dieser Geschichte den Bewegungsdrang der Kinder stillen. Lesen sie die Geschichte vor (oder erzählen Sie sie), indem Sie die Aktionen mit einbauen. Natürlich lässt sich auch diese Geschichte verändern und erweitern.

Zum Vorlesen

„Hui! Hörst du, wie laut der Wind pfeift? *(Hand ans Ohr legen)*
Brr! Er pustet und bläst. *(kräftig pusten)*
Mitten auf der Wiese steht ein Baum. Den hat der Wind auch entdeckt. Pfeifend rüttelt und schüttelt er daran. *(Arme ausstrecken und schütteln)*
Der Wind bläst immer stärker – und plötzlich: Schau! *(eine Hand über die Augen legen und nach oben blicken)*
Der Wind hat viele bunte Blätter vom Baum gefegt. Er bläst und pustet sie wild durch die Luft. *(durcheinander im Raum herumlaufen)*
Sieh nur, wie die Blätter tanzen: hin und her und her und hin. *(mit ausgebreiteten Armen durch den Raum tanzen)*
Immer wieder bläst der Wind die Blätter durcheinander. So kann jedes Blatt immer wieder mit einem anderen tanzen. *(immer 2 oder 3 Kinder nehmen sich an den Händen und tanzen durch den Raum)*
Immer stärker bläst der Wind. Der Tanz der Blätter wird schneller und wilder. *(jedes Kind tanzt wieder für sich, dreht sich dabei)*
Oh, jetzt schweben die Blätter hin und her! *(mit ausgebreiteten Armen hin- und herschwingen)*
Sie machen einen Bogen und drehen sich im Kreis. *(mit den Armen Bogen in der Luft beschreiben und sich dazu langsam im Kreis drehen)*
Oh! Jetzt sind die Blätter unten auf dem Boden angekommen! *(langsam auf den Boden gleiten lassen und sich hinsetzen)*
.....

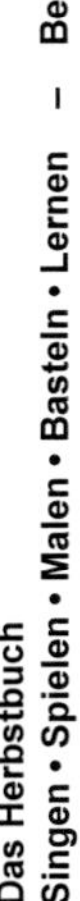

6 Rund um den Igel

Fingerspiel „Die Igelmutter“

Anmerkung

Fingerspiele tragen zur Sprachentwicklung bei und stärken die Konzentration der Kinder. Nachsprechen und Nachspielen des Aufgesagten macht ihnen Spaß und fördert sie dadurch in den unterschiedlichsten Bereichen: Erweitern des Wortschatzes, Erlernen von Reimwörtern, Üben verschiedener Sprachklänge (laut, leise, ruhig, schnell, sanft, usw.).

Was ist zu beachten?

Der Text sollte dem Vorleser bekannt sein. Pausen an falscher Stelle, nicht gelungene Reimstellen zum Beispiel bringen die Kinder aus dem Konzept. Die Faszination des Fingerspiels geht dadurch verloren.Fingerspiele sollten ***regelmäßig wiederholt*** *werden. So wird das Kind sicherer im Vortragen, was unter anderem das Selbstbewusstsein fördert.*

Fingerspiel

(Verfasser unbekannt, mündlich überliefert)

„Die Igelmutter“

Fünf Kinder hat die Igelmutter. *(fünf Finger einer Hand hochhalten)*
Die trippeln, trappeln durch das Gras. *(mit den Fingern über den Tisch bzw. in der Luft laufen)*
Die Mutter sagt: „Bald geht ein kalter Winterwind.“ *(mit dem Mund kräftig pusten)*
Jetzt frisst sich satt ein jedes Kind *(beide Hände deuten einen dicken Bauch an)*
Wir bauen uns ein Winternest. *(Hände aneinanderlegen und ein Nest bilden)*
Darin schlafen wir ganz tief und fest. *(beide Hände zusammenführen, an die Wange legen und Augen schließen)*
Bald steht die Sonne wieder am Himmel. *(beide Arme deuten eine große Sonne an)*
Zart der Frühlingswind wieder weht. *(wieder pusten, diesmal jedoch nur leicht)*
Dann kriechen alle Igel aus ihrem Winterhaus froh in die Welt hinaus. *(die Finger einer Hand laufen wieder über den Tisch oder durch die Luft)*

Igelbild zum freien Gestalten

Aufgabe 1

Die Kinder malen den Igel aus. Wer mag, kann zusätzlich den Hintergrund (Garten, Waldrand) mit Gräsern, Pilzen, Schnecken und ähnlichem gestalten ...

Zum Vorlesen

„Der kleine Igel Paul hat Pilze und Schnecken gefressen. Schließlich muss er sich Speck für seinen Winterschlaf anfressen. Doch wie kommt er nun nach Hause in den Wald?“

Aufgabe 2

Die Kinder zeichnen den richtigen Heimweg farbig ein.

Das Herbstbuch
Singen • Spielen • Malen • Basteln • Lernen – Bestell-Nr. 11 812
KOHL VERLAG

Igelmandala

Zum Vorlesen

„Igel sehen wir selten, denn sie sind in der Dämmerung und in der Nacht unterwegs. Tagsüber schlafen sie meist. Es sind sehr nützliche Tiere, denn sie fressen gerne Schnecken. Wenn Igel Angst haben, rollen sie sich zu einer Kugel zusammen. Igel machen einen Winterschlaf.“

Aufgabe

Das Mandala kann von den Kindern ausgemalt und evtl. mit weiteren Blättern, Pilzen usw. ergänzt werden.

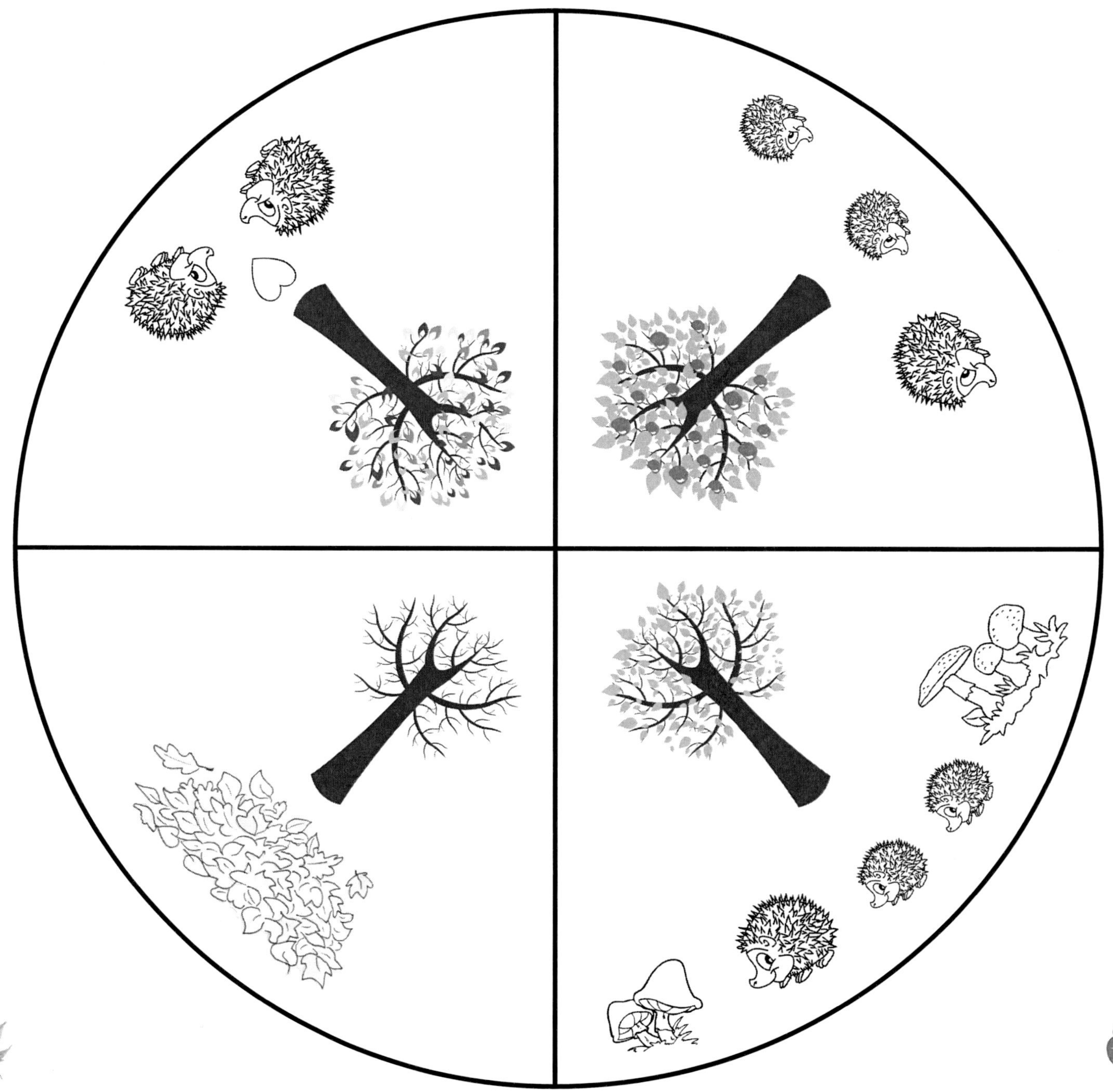

Große Igel – kleine Igel

Aufgabe

Jede Reihe zeigt Igel in verschiedenen Größen. Geben Sie die 4 hier abgebildeten Reihen an jedes Kind aus. Sie sollen die Bildchen anmalen, ausschneiden und der Größe nach ordnen. Dabei wird die Sortierreihenfolge von Ihnen festgelegt. Die Kinder kleben die Kärtchen in der richtigen Reihenfolge auf ein Blatt.

Material: Kopiervorlage, Buntstifte, Schere

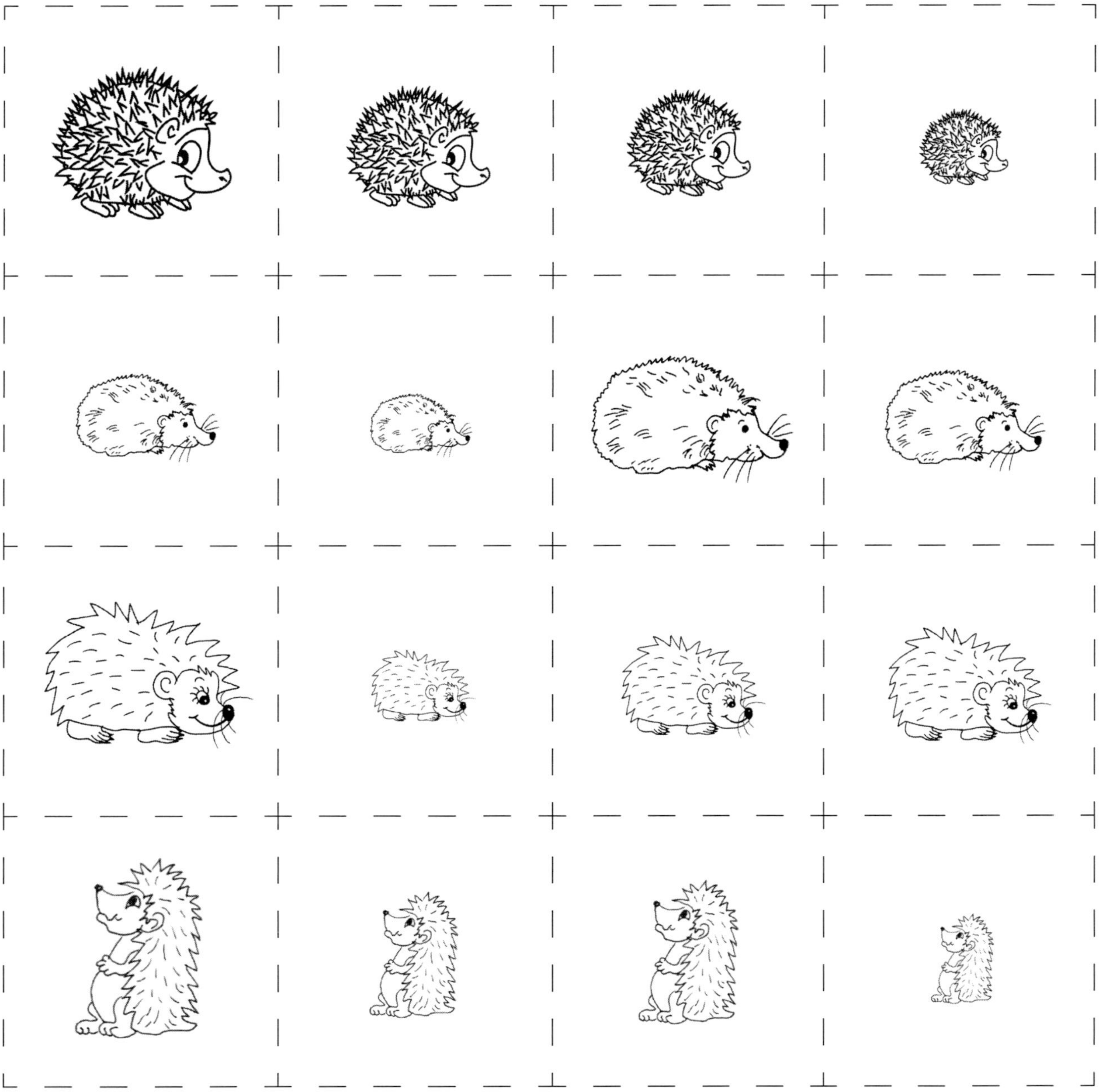

Das Herbstbuch
Singen • Spielen • Malen • Basteln • Lernen – Bestell-Nr. 11 812

7 Rund um das Eichhörnchen

Das Eichhörnchen sammelt Futter

Aufgabe

Alle Kärtchen werden ausgeschnitten. Die Eichhörnchen werden untereinander auf ein Blatt geklebt. Nüsse usw. werden zugeordnet und aufgeklebt. Die Kinder zählen ab, welches Eichhörnchen am meisten gesammelt hat.

Zum Vorlesen

„Im Herbst sammeln Eichhörnchen Eicheln, Nüsse, Kastanien und Bucheckern. Sie vergraben ihre Vorräte in der Erde oder im Laub. Im Winter schläft das Eichhörnchen viel. Doch wenn es wach wird, möchte es von seinen Vorräten fressen. Welches Eichhörnchen sammelt die meisten Nüsse, Eicheln, Kastanien oder Bucheckern?"

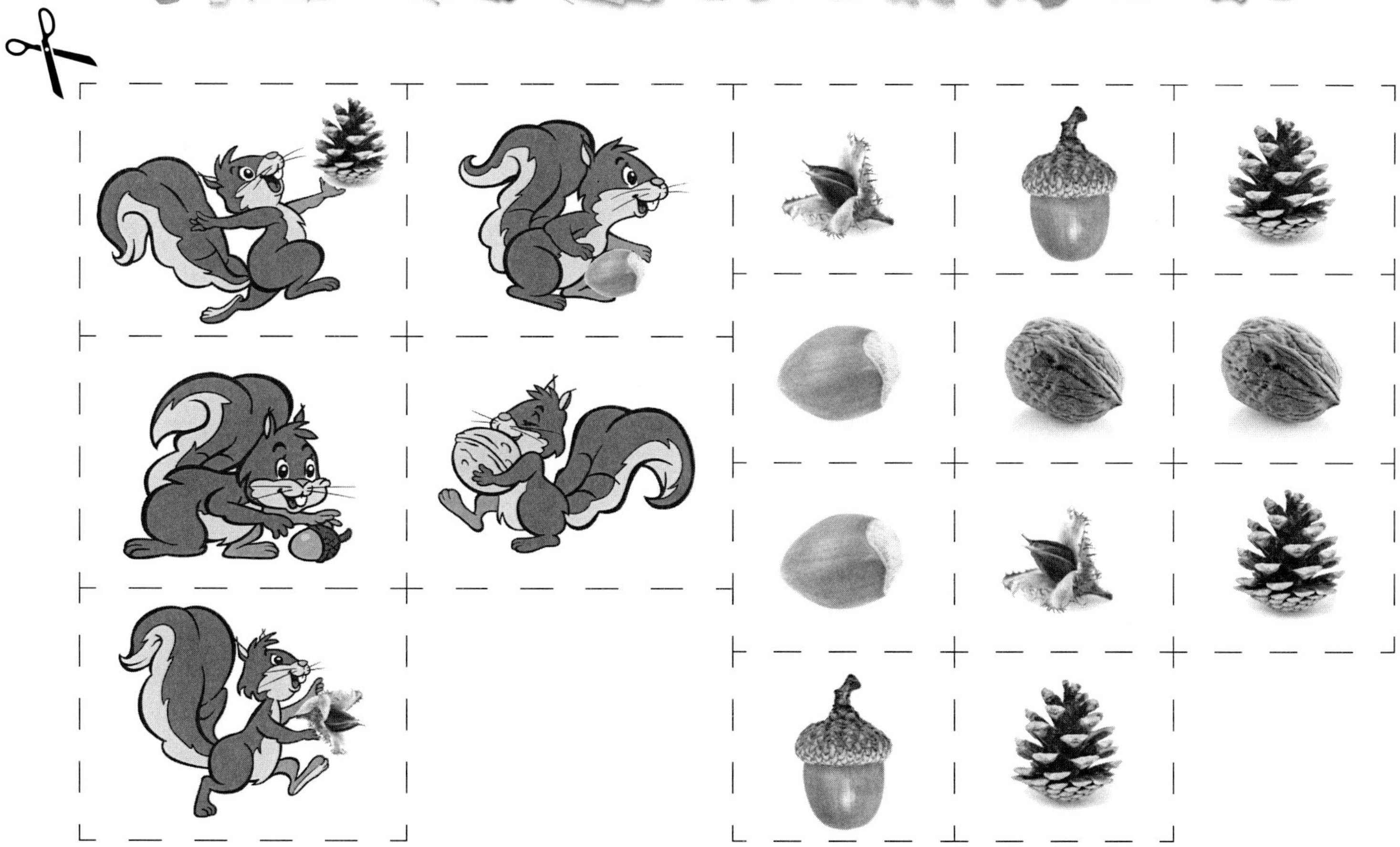

Wie lebt das Eichhörnchen?

Zum Vorlesen

„Eichhörnchen können sehr gut klettern. Sie leben auf Bäumen. Hoch oben in den Baumkronen bauen sie ein Nest aus Zweigen. Dies nennt man Kobel. Manchmal wohnen sie auch in Baumhöhlen. Dort schlafen sie und ziehen ihre Kinder groß.

Aufgabe

Was hat das Eichhörnchen wohl in seiner Höhle versteckt? Wie sieht sie von innen wohl aus? Die Kinder malen das Bild aus und füllen die Höhle.

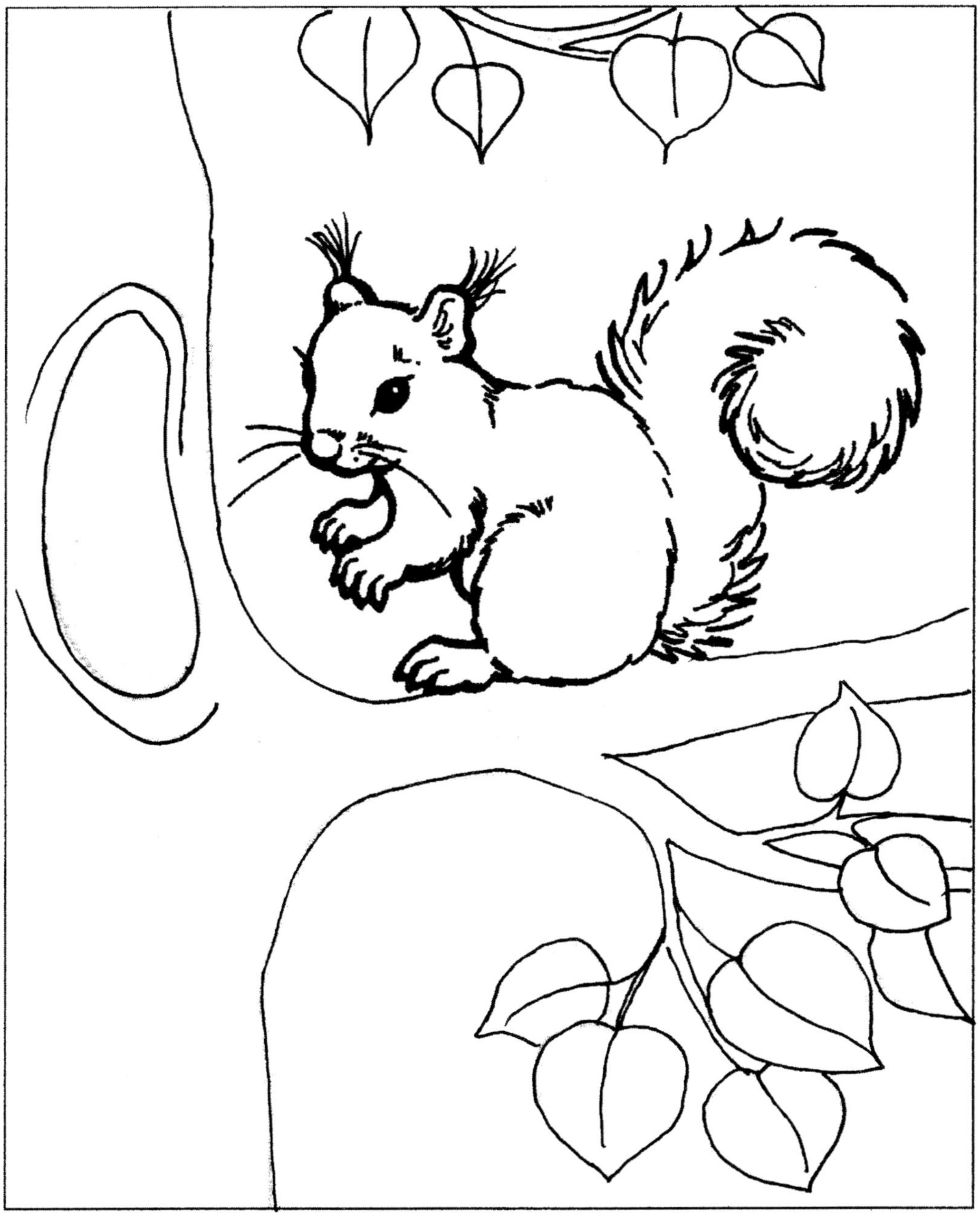

Das Herbstbuch
Singen • Spielen • Malen • Basteln • Lernen – Bestell-Nr. 11 812
KOHL VERLAG

8 Die Wetterstation – Zapfen

Aufgabe

Beobachtet einen Zapfen bei Sonnenschein und bei Regen. Was geschieht?

Material:

- einen (oder mehrere) schöne, große Kiefern- oder Fichtenzapfen
- einen Zwirnfaden, 1-2 m lang

So geht es:

- den Faden um den Zapfen verknoten
- im Freien an einem regengeschützten Ort (zum Beispiel vor dem Fenster) aufhängen

Zum Vorlesen

„Im Herbst, wenn die Zapfen ausgewachsen sind, möchten sie ihre Samen verteilen. Dann können daraus im Frühjahr neue Bäume wachsen. Es muss dazu warm und trocken sein. Somit öffnen sich die Schuppen und die Samen fallen heraus. Ist das Wetter nass und kalt, bleiben die Zapfen geschlossen. So verhindern sie, dass der Samen am Boden verfault."

9 Gute-Laune-Bild gegen Herbstgrau

Zum Vorlesen

Wenn der Herbsthimmel tagelang im tristen Grau erscheint, drückt das die Stimmung. Mit diesen großen Fensterbildern kommt buntes Licht in den Gruppenraum. Beim Gestalten können auch schon die Jüngsten mitmachen. Gestaltet große Gute-Laune-Fensterbilder.

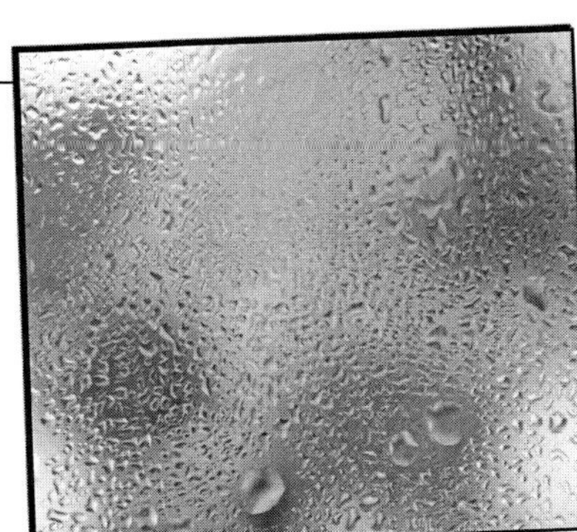

Material:

- durchsichtige Malerfolie
- Zeitungspapier zum Abdecken des Bodens
- Schere
- Tempera- oder Acrylfarben
- Tennisball
- doppelseitiges Klebeband zum Befestigen am Fenster

Anleitung:

- Die Malerfolie wird zugeschnitten, am besten zu Quadraten von 60 x 60 cm bis 80 x 80 cm. Natürlich lassen sich auch Kreise gestalten.
- Den Boden großflächig mit Zeitung abdecken.
- Nun einige bunte Farbkleckse auf die Folie geben – und los geht's!
- 4-6 Kinder stülpen die Folie am Rand ringsum hoch.
- Jetzt kommt der Tennisball zum Einsatz: Legen Sie ihn auf die Folie.
- Die Kinder können den Ball auf der Folie kreisen lassen, ihn hin und her rollen, ihn hoch werfen und wieder auffangen. Dabei entstehen bunte Muster auf der Folie. Ist diese bunt genug und damit fertig, wird sie zum Trocknen der Farbe auf die Zeitungen gelegt.
- Nun das Fenster damit schmücken. Die Folie mit doppelseitigem Klebeband befestigen. So haben Sie für Farbe im Raum gesorgt, und Sie trotzen dem Grau des Herbstes.
- Sie können die Farben variieren, z. B. nur Rot und Gelb oder nur Blau und Gelb. Der Ball sollte nicht zu lange kreisen, damit sich nicht alles zu einem Grau vermischt – das haben wir ja schon draußen.

TIPP

Auf der Folie lassen sich auch Bilder mit Fingerfarben gestalten. So können die Kinder z.B. eine große gelb-orange-rote Sonne oder auch einen farbenfrohen Regenbogen gestalten.

Das Herbstbuch
Singen • Spielen • Malen • Basteln • Lernen – Bestell-Nr. 11 812
KOHL VERLAG Lernen mit Erfolg

10 Riesen-Herbstbaum

Aufgabe

Im Herbst tragen die Bäume draußen ein buntes Blätterkleid. Und wenn Platz ist, kann man so einen Baum in den Gruppenraum oder Flur holen. Alle Kinder können daran mitgestalten.

Material:

- mehrere Bögen braunes Tonpapier oder dunkles Packpapier
- doppelseitiges Klebeband
- Küchentücher oder Tempotücher
- Wasserfarben in Rot, Gelb, Orange und Braun
- Pinsel
- Becher mit Wasser
- Stift
- Kleber, doppelseitiges Klebeband
- Schere

Anleitung:

- Aus dem braunen (Ton)Papier wird der Baumstamm aus mehreren großen Streifen geschnitten und mit dem Klebeband an die Wand geklebt.
- Für die Äste schneidet ihr die Papierbögen auseinander und klebt sie am „Stamm“ und an der Wand fest.
- Für die Blätter löst ihr die Farben in reichlich Wasser. Mit einem Pinsel tupft ihr die Farbe dann auf einen Bogen Küchenpapier oder ein Tempotuch.
- Auf den gleichen Bogen wird eine weitere Farbe mit reichlich Wasser getupft. So entsteht der Untergrund für die bunten Blätter. Die wässrigen Farben vermischen sich und verlaufen ineinander. Ihr solltet zuerst mit den hellen Farben beginnen.
- Jeder von euch stellt ein buntes Tuch her, damit der Baum auch viel buntes Laub trägt.
- Lasst die Papierbögen danach gut trocknen.
- Nach dem Trocknen legt ihr eure Hände auf die Papierbögen und zeichnet die Umrisse gegenseitig nach.
- Nun schneidet ihr die fertigen „Herbstblätter“ an den aufgezeichneten Umrissen aus. Schließlich könnt ihr die bunten Blätter an die Äste des Baumes an der Wand kleben.

TIPP

Tempotücher zeigen mehr Struktur

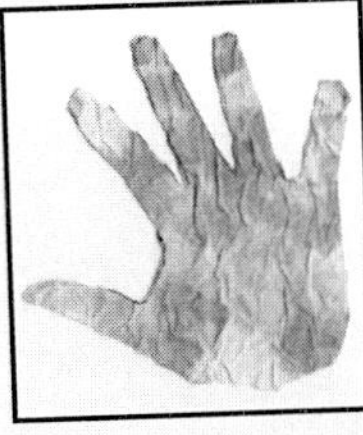

Küchenpapier wirkt homogener

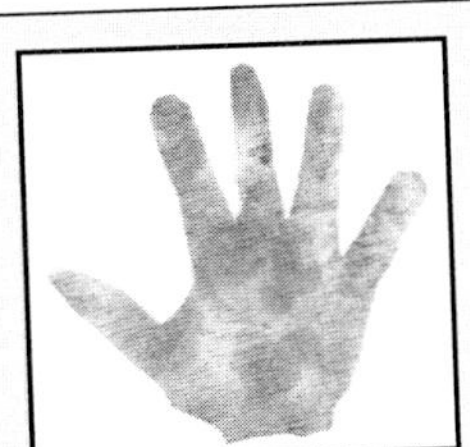

11 Herbstmobile und Blätterkranz

Aufgabe

- *Auf dem letzten Spaziergang haben die Kinder viele „Schätze“ gesammelt. Daraus lässt sich ein wunderschönes Mobile gestalten.*

- *Einen Blätterkranz, eine Blättersonne oder einfach ein Blätterbild könnten schon die Jüngsten gestalten. Bunte Herbstblätter kann man auf einem Spaziergang im Park, im Wald oder im Garten sammeln. Das schönste Ergebnis wird erzielt, wenn die Blätter vorher gepresst wurden. Für die Blättersonne werden gelbe Blätter im Kreis gelegt. Dazu eignen sich besonders Ahornblätter. Sie deuten die Strahlen der Sonne an. Ein Blätterkranz kann aus völlig verschiedenen Blättern und Farben bestehen. Das macht ihn besonders lebendig. Ein Blätterbild kann z. B. ein Tier, eine Blume oder einen Baum darstellen, es kann auch völlig abstrakt sein.*

Mobile

Material:

- bunte Blätter, Heu, Stroh, Eicheln mit Häubchen, Bucheckern mit Stiel, Erdnüsse, Tannenzapfen, Vogelbeeren, Hagebutten .....
  (natürlich braucht ihr nicht alle Dinge, das hier sind nur Vorschläge!)
- einen Zweig, Garn oder Bast
- Schere, evtl. Klebstoff

Anleitung:

- Schneidet mehrere verschieden lange Fäden von dem Garn (70-90 cm etwa)
- Knotet eure Früchte, Blätter, Heubüschel ein.
- Bindet den Faden an eurem Zweig fest. Achtet darauf, dass sie unterschiedlich lang sind
- Faden zum Aufhängen an den Zweig binden. Fertig!

TIPP

Legt die Zweige vor dem Aufhängen nebeneinander. So seht ihr schon vorher, wie der fertige Zweig oder das Mobile aussehen wird.

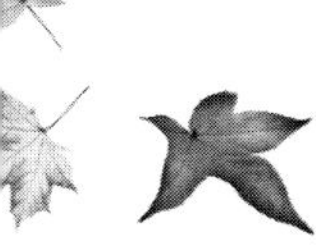

12 Apfelernte

Aufgabe

Dies ist ein Würfelspiel für 2 bis 4 Kinder. Es ist sinnvoll, einen Würfel, der nur die Zahlen 1-3 hat, zu verwenden. Eine Bastelanleitung finden Sie unten.

Würfelspiel

Es gibt zwei Spielvarianten:

1. Jedes Kind erhält die gleiche Anzahl Äpfel. Reihum wird gewürfelt. Die jeweils gewürfelte Anzahl Äpfel wird auf dem Baum verteilt. Es dürfen keine Äpfel übrig bleiben.
2. Alle Äpfel werden auf dem Apfelbaum verteilt. Die Kinder würfeln wieder abwechselnd und pflücken die gewürfelte Anzahl Äpfel vom Baum. Wer die meisten Äpfel „geerntet" hat, hat gewonnen.

Material:

- Kopiervorlage (bitte auf A3/A4 vergrößern)
- Apfelkärtchen (unten) und
- Buntstifte
- Dreier-Würfel (siehe unten)

Diese Spielvorlage und die Kärtchen mit den Äpfeln auf Tonpapier drucken, evt. anmalen. Für lange Freude laminieren.

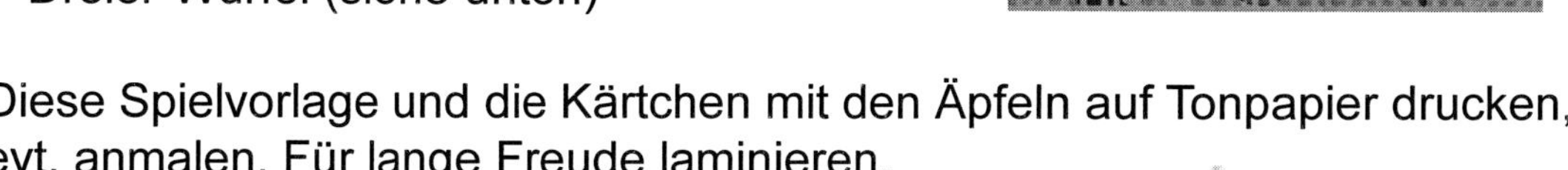

12 Apfelernte

Das Herbstbuch
Singen • Spielen • Malen • Basteln • Lernen – Bestell-Nr. 11 812
KOHL VERLAG

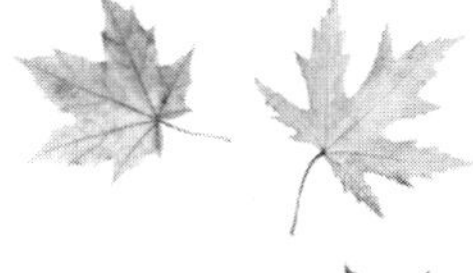

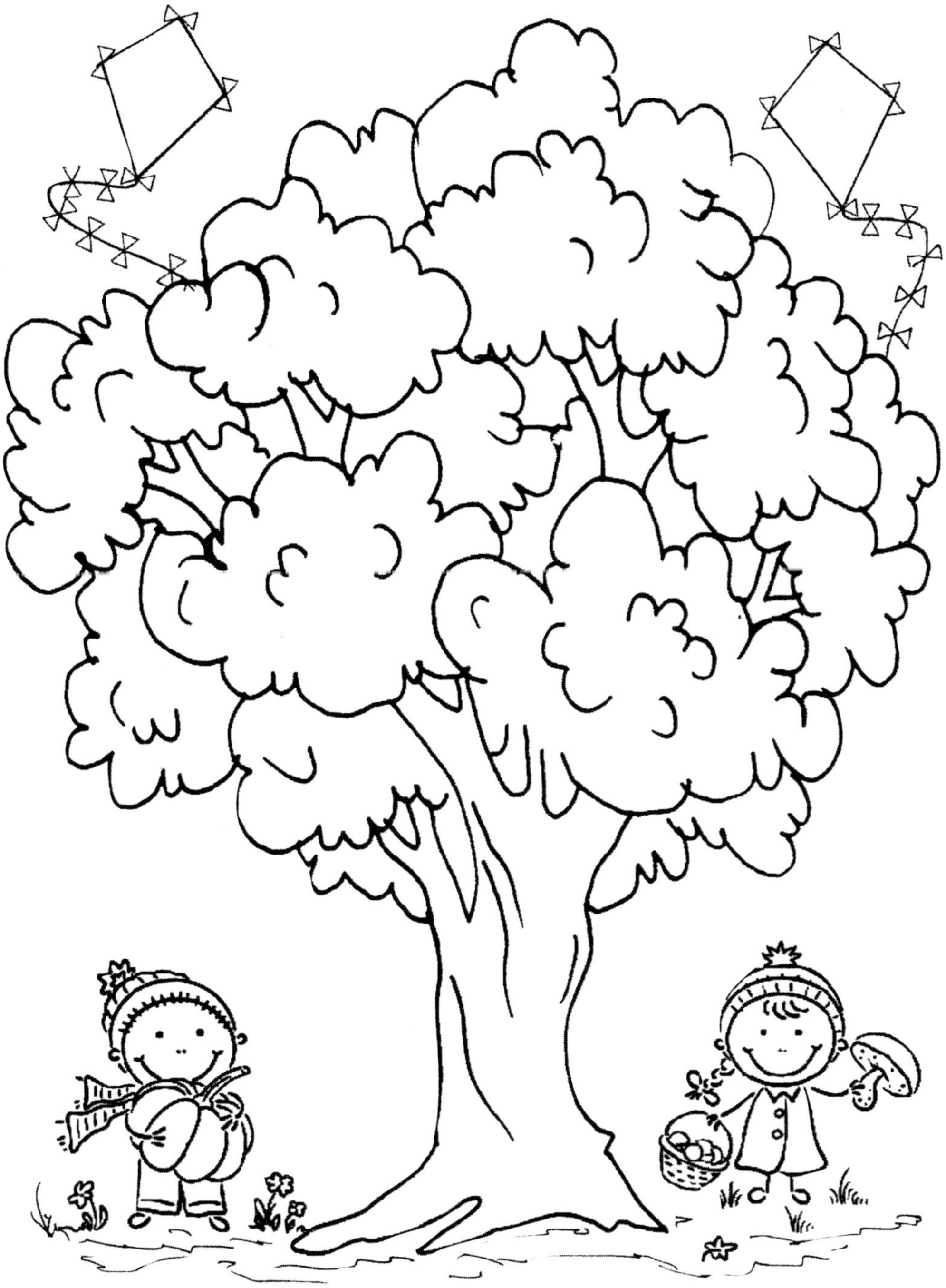

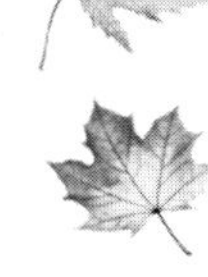

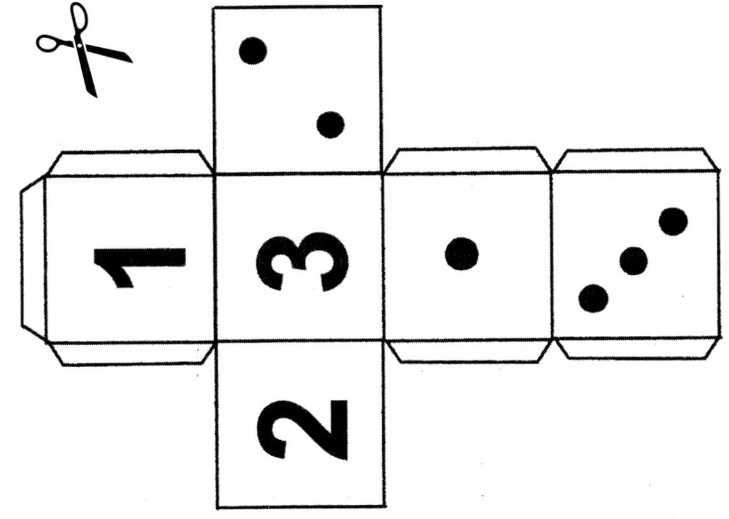

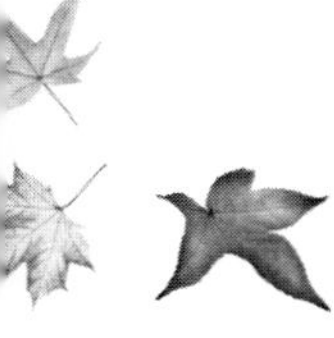

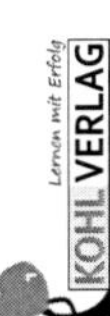

12 Apfelernte

Apfelpuzzle

Apfellied

2. In jedem Stübchen wohnen
zwei Kernchen schwarz und fein,
die liegen drin und träumen
vom lieben Sonnenschein.

3. Sie träumen auch noch weiter
gar einen schönen Traum,
wie sie einst werden hängen
am lieben Weihnachtsbaum.

Aufgabe

Die Kinder schneiden die Puzzleteile aus und setzen den Apfel zusammen. Äpfel können rot, gelb, grün oder eine Mischung aus diesen Farben haben. Der Apfel wird in diesen Farben angemalt.

13 Winterfutter für unsere Vögel

Aufgabe

Sammeln Sie mit den Kindern im Herbst Vogelfutter. Lassen Sie es trocknen. Bewahren Sie es in luftdurchlässigen Tüten bis zum Wintereinbruch auf. Unsere Vögel mögen: Holunderbeeren, Hagebutten, Ebereschenbeeren, Bucheckern, Samen von Sonnenblumen, Hafer, Kerne von Äpfeln oder Birnen usw.. Natürlich kann das Futter mit Nüssen und Rosinen ergänzt werden. Mit einer Erdnusskette bekommen die Vögel nicht nur Nahrung, die Kinder können die Vögel bei der Futteraufnahme dabei genau beobachten.

Zum Vorlesen

„Bei uns werden immer mehr Straßen und Häuser gebaut. Die Vögel haben damit immer weniger Bäume, Büsche und Wälder, wo sie leben können und Futter finden. So wollen wir ihnen im kalten Winter helfen. Wir sammeln Futter für sie und bereiten es zu.“

Erdnüsse aus Futterkerze knoten

Material:
- eine Tüte ungeschälte Erdnüsse
- festes Garn (etwa 1 Meter lang)

Anleitung:

- Das Garn wird am Ende um eine Erdnuss geknotet.
- Nun nimmt sich jedes Kind 6-8 Erdnüsse.

In kleinen Abständen werden die weiteren Nüsse am Faden verknotet. Schließlich hat jedes Kind eine kleine **Erdnusskette**. Dieses Futter hängen die Kinder im Winter draußen im Garten an einen Busch oder Baum.

Erdnüsse auffädeln

Material:
- ungeschälte Erdnüsse, Nadel und festen Faden (Zwirn)

Anleitung:

- Garn einfädeln, (evtl. helfen!) einen dicken Knoten am Ende machen.
- Mit der Nadel durch die dünnste Stelle der Erdnuss stechen.
- Auf der anderen Seite angekommen, nochmals durch die Nuss „zurückstechen“.
- Nacheinander alle Nüsse „einnähen“, bis die Kette mit 6-8 Nüssen fertig ist.
- Alle Ketten trocken aufbewahren, bis es draußen frostig kalt ist.

14 Murmelbilder – Lesezeichen

Aufgabe

Murmelbilder machen den Kindern bei der Herstellung sehr viel Spaß. Das „Rollenlassen“ der Murmeln in einem Karton erfordert ein Schütteln, Rütteln, oder auch vorsichtiges Schwenken. Es ist etwas ganz anderes, als mit Stiften oder Pinseln zu malen.

Murmelbilder

Material:

- Karton (Schuhkarton, Pralinenkarton oder auch Obstverpackung)
- Murmeln in unterschiedlicher Größe
- Farben, z.B. Fingerfarben oder Acrylfarben
- Pinsel oder Wattestäbchen zum Auftragen der Farbe auf das Papier
- Papier oder Tonpapier in Größe des Kartons

Anleitung:

- Die Kinder legen in einen Karton auf dem Boden ein passend großes Papier.
- Darauf geben sie einige Tropfen Farbe. Es kann mit ein, zwei oder auch mehreren Farben gearbeitet werden. Mehr als vier oder fünf Farben ergeben oft einen unschönen braunen „Brei“.
- Nun lassen die Kinder die Murmeln in den Karton fallen.
- Den Karton hin- und herbewegen. Dadurch verteilen die Murmeln die Farbe überall auf dem Papier.
- Die Kinder können evtl. noch Farbe hinzufügen und den Vorgang wiederholen.
- Am Ende werden die Murmeln herausgenommen und das Bild getrocknet.

Lesezeichen als Weihnachtsgeschenk

Material:

- 1 Kunststoffschachtel von Pralinen ca. 6 x 14 cm
- 1 Stück weißes Papier ca. 6 cm x 14 cm
- 3 unterschiedliche Farben
- 3 Wattestäbchen
- 2-3 Murmeln
- Laminierfolie und Laminiergerät

TIPP

Je dickflüssiger die Farbe, umso größer (und schwerer) sollten die Murmeln sein.

Anleitung:

- Schneidet für das Lesezeichen ein Blatt Papier in Größe der Bodenfläche der Schachtel.
- Dann wird genauso verfahren wie oben angegeben.
- Wenn die Farbe auf dem Papier getrocknet ist, nehmen die Kinder das Papier aus der Schachtel.
- Dann wird es noch laminiert – fertig ist das Lesezeichen.

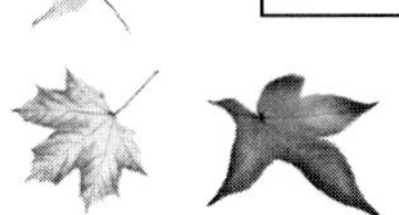

15 Natur-Mandala

Grundgedanke war, die Kinder dazu zu bringen, mit offenen Augen durch die Natur zu gehen, die einfachen, täglichen Naturschätze wahrzunehmen und zu entdecken. Darüber hinaus erfahren sie, wie man die Schätze der Natur schön und ausdrucksstark in Szene setzen kann.
Hier können alle Kinder ihre individuellen Fähigkeiten einbringen. Spaß und Freude am gemeinsamen Tun fördert die Gruppenzugehörigkeit.

Ein Natur-Mandala draußen in der Natur zu legen, hat einen besonderen Reiz. Es kann aber auch im Gruppenraum oder in der Turnhalle auf einem Laken oder einer großen Pappe mit gesammelten „Schätzen“ gelegt werden.

- Wichtig ist ein ebener **Boden**, etwa 1-2 m im Quadrat.
- Der Rahmen kann aus einem Reifen bestehen oder aus Stöcken, Ästen und Zweigen gelegt werden.
- Mit Stöcken kann man einzelne Felder im Rahmen einteilen.
- Als Form bieten sich **Kreis** oder **Viereck** an, natürlich sind aber auch **Stern** oder **Schnecke** (Spirale) möglich.
  Da mehrere Kinder daran arbeiten, ist es sinnvoll, dass sie an verschiedenen Seiten des Mandalas gleichzeitig arbeiten können.
- Die zu verwendeten Materialien wurden mit den Kindern ausgewählt.
- Danach wurden Teams gebildet, z.B. Team Moos, Team Zapfen, Team Steine, Team Blätter usw.. Die Kinder wurden in verschiedene Teams eingeteilt.
- Die Mitte aus Zapfen oder Steinen legen, dann schließen sich alle weiteren Elemente an: bunte Blätter, Eicheln, Kastanien mit und ohne Schalen, Bucheckern, Eicheln, Zweige, Gräser… der Fantasie sind keine Grenzen gesetzt.

Der Jahreszeitentisch im Herbst

„Jahreszeitentisch“

Dieser Begriff stammt aus der Waldorf-Pädagogik. Es ist für Kinder ein faszinierendes Erlebnis, einen jahreszeitlich passenden Tisch zu gestalten und zu betrachten.
Mit bunten Blättern, Tannenzapfen, Eicheln, Kastanien und kleinen Zweigen lässt sich eine natürliche Herbstlandschaft darstellen. Die Kinder betrachten sie gerne und können ihrer Fantasie freien Lauf lassen. Als Unterlage eignet sich ein naturfarbenes Seidentuch. Zuerst werden die Herbstfrüchte auf dem Jahreszeitentisch angeordnet, z.B. Kürbis, Apfel, Eichel. Die Kinder fügen ihre Mitbringsel ein, z.B. Schneckenhaus oder Kastanie. Rottöne und erstes Braun dominieren den Tisch. Fertiggestellt ergibt sich ein herbstliches Bild.

Michaeli-Fest Ende September

Die Zeit des Drachensteigens. Die kleinen Drachen von Seite 27 können hier eingebaut werden. Man befestigt sie z.B. in einer Kugel aus Knetgummi. Kleine Kürbisse oder Pilze aus Salz-Mehl-Teig (S. 28) passen ebenfalls bestens dazu. Zusätzlich hübsche Herbstdeko aus den verschiedensten Materialien findet man in jedem Bastelgeschäft. Dies wird ergänzt durch bunte Blätter, Eicheln, Kastanien usw..

Erntedankfest im Oktober

Äpfel, Birnen, Kartoffeln, Nüsse, Getreidehalme und Maiskolben werden für den Jahreszeitentisch verwendet. Die Kinder bringen noch weitere kleine „Schätze“ mit, z. B. Moos oder besondere Steine.

November

Zwerge werden zwischen Kastanien, Eicheln und bunten Blätter arrangiert.

Advent und Weihnacht

Tannenzweige, Teelichte, Watte, kleine Kugeln werden arrangiert. Maria und Josef machen sich auf den Weg, an dessen Ende der Stall mit den Hirten wartet.

17 Die kleinen Drachen

Aufgabe

Diese kleinen Drachen kann man in einen Blumentopf oder einen (Geburtstags-) Kuchen stecken.

Material:

- Filzreste in bunten Farben
- Reste von Transparentpapier
- Holzspieße (Schaschlikspieße)
- Bindfaden (25-30 cm)
- Bleistift, Pappe
- Schere, Filzstift, Klebstoff

Anleitung:

- Schablonen aus Pappe ausschneiden.
- Karo und Dreieck jeweils 2 x auf Filz zeichnen und ausschneiden.
- 8-10 Schleifen aus buntem Transparentpapier schneiden.
- Male einem Karo ein Gesicht. Klebe die Ohren an.
- Holzstab und Bindfaden zwischen die beiden Karos legen und alles gut festkleben.
- Paarweise an den Bindfaden kleben.
- Anstelle der Ohren kannst du auch einige Wollfäden oder ein Schleifenband ankleben.

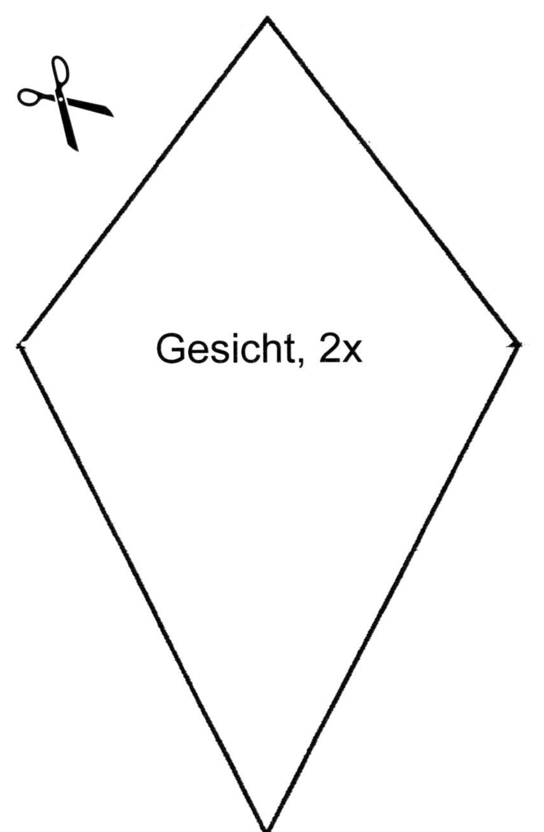

Gesicht, 2x

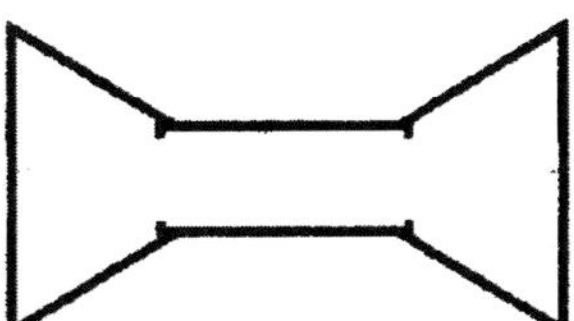

Schleifen, 8-10x

Ohren, 2x

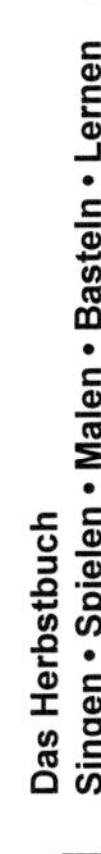

18 Pilze & Kürbisse aus Salz-Mehl-Teig

Aufgabe

Mit Salz-Mehlteig können die Kinder die schönsten, phantasievollsten Pilze formen. Wenn sie nicht perfekt gelingen, ist das nicht tragisch. Wer im Wald genau hinschaut, der weiß, dass kein Pilz dem anderen gleicht. So auch bei den Kürbissen: es gibt zahllose Arten und Gestalten, dazu sind auch Farben von gelb über orange, rot und grün möglich.

Zutaten für den Teig:

- 2 Tassen Mehl
- 2 Tassen Salz
- 1 Tasse Wasser
- 1 Teelöffel Öl

Anleitung:

- Mehl, Salz, Öl und Wasser gut verkneten. Wenn der Teig zu klebrig ist, noch ein wenig Mehl zugeben. Ist der Teig zu trocken, etwas Wasser hinzufügen.
- Nach dem Fertigstellen der Figuren muss der Teig gut durchtrocknen, das kann einen bis mehrere Tage dauern.
- Alternativ können Sie die Teile im Ofen bei 100 °C backen, Dauer ca. 30-45 Minuten.
- Wenn sie getrocknet und abgekühlt sind, können sie angemalt werden.
- Dabei möglichst wenig Wasser benutzen, damit sie nicht wieder „weich" werden.
- Länger haltbar (fett) sind alle Figuren, wenn man sie mit Klarlack einsprüht oder einpinselt.

Für die Pilze:

- zum Bemalen: rote und weiße Deckfarbe oder Acrylfarbe, evtl. Klarlack
- Nun die Pilze formen: Die Hüte können ruhig verschieden sein. Der Stiel sollte an der Stellfläche eben und etwas breiter sein. Als Verbindung zwischen Hut und Stiel eignet sich ein (abgebranntes) Streichholz.

Für die Kürbisse:

- zum Bemalen: gelbe, orange, rote oder grüne Deckfarbe
- Die Kürbisse werden aus verschieden großen Kugeln geformt. Mit einem Stift einige Rillen einritzen.
- Auf eine gerade Stellfläche achten, damit sie nachher nicht umherkugeln.

TIPP

Salz-Mehlteig immer in einer Plastiktüte aufbewahren (fett). Im Kühlschrank hält er sich so etwa 14 Tage.

19 Das Erntedankfest

Zum Vorlesen

Beim Erntedankfest soll an die Arbeit der Bauern und Gärtner gedacht werden. Aber auch daran, dass es nicht nur an den Menschen liegt, eine gute Ernte einzubringen. Es ist auch ein Dank an Gott, der alles hat wachsen und reifen lassen. Zum Erntedankgottesdienst wird der Altar in der Kirche mit Feldfrüchten, Obst und Sonnenblumen geschmückt. Auch im Kindergarten können wir (vielleicht auf dem Jahreszeitentisch) einen Platz für Obst, Gemüse und Getreide schaffen, um uns mal öfter daran zu erinnern, wie viel zu Essen wir haben und wie gut es uns geht.

Anmerkung: *Das Erntedankfest bietet auch den passenden Anlass, Kindern zu erklären, wo die Lebensmittel herkommen und wie wichtig sie sind. Besonders in den Städten herrscht bei einigen Kindern Unwissen darüber, welche Prozesse sich hinter dem Täglich-Brot verbergen.*
Umso wichtiger ist es, den Kids nahezulegen, wo unsere Nahrung herkommt. Am besten gelingt dies auf spielerische und anschauliche Art und Weise. Wir feiern das Erntedankfest im Kindergarten mit selbstgebackenem Brot und frischem Obst. Den Raum haben wir mit unseren Herbstbäumen und ***Mobiles*** *geschmückt. Mit einem* ***Lied*** *beginnen wir unser Erntedankfrühstück. Mit einem Dankgebet kann es abgeschlossen werden.*

Erntedankfrühstück

Mit dem Lied „Danke für diesen guten Morgen“ beginnen wir das Frühstück und schließen es mit einem Dankgebet ab. Das Frühstück wird gemeinsam mit den Kindern vorbereitet:

- Das Kartoffelbrot wird geschnitten.
- Dazu gibt es selbstgemachte Marmelade und Butter.
- Auf großen Tellern werden Obst (Äpfel, Birnen, Weintrauben …) und Gemüse (Möhren, Kohlrabi, Gurke …), passend geschnitten, angerichtet.
- Für das frische Gemüse bereiten wir noch 2 Dips vor:

Herzhafter Dip:
Schmand oder Creme Fraîche mit Kräutern (Petersilie, Schnittlauch, evtl. tiefgefroren), verrühren, mit Salz, Senf und Pfeffer abschmecken.

Süßer Dip:
Frischkäse, mit ein wenig Milch cremig rühren, einen Löffel Honig hinzufügen, nach Geschmack ein wenig Senf.

Das Herbstbuch
Singen • Spielen • Malen • Basteln • Lernen – Bestell-Nr. 11 812

19 Das Erntedankfest

Zutaten für den Teig:

- 500 g dunkles Weizenmehl Type 1050
- 1 Würfel frische Hefe (etwa 40 g)
- 1 TL Zucker
- 4 EL lauwarmes Wasser
- 200 g warme Kartoffeln, geschält gewogen
- 1 gehäufter TL Salz (8 g)
- 1 EL Öl (z. B. Sonnenblumenöl)
- 150 ml lauwarmes Wasser
- etwa 40-50 g Mehl extra zum Kneten

Zubereitung:

- Kartoffel kochen, etwas auskühlen lassen, pellen, anschließend reiben oder durch die Kartoffelpresse drücken.
- Mehl in eine Backschüssel geben, mit der Hand in die Mitte eine Mulde drücken.
- Die Hefe etwas zerbröckelt in die Vertiefung geben, 1 TL Zucker darüber streuen, mit etwa 4 EL lauwarmem Wasser etwas vermischen. Ein wenig Mehl darüber geben.
- Das Ganze im warmen Raum etwa 15 Minuten zum Gehen stehen lassen.
- Anschließend das Salz, 1 EL Öl und die geriebenen Kartoffeln dazu geben.
- Lauwarmes Wasser abmessen und zufügen.
- Mit den Knethaken alles zusammen zu einem Brotteig rühren.
- Anschließend den Brotteig noch mindestens 5 Minuten auf dem Tisch durchkneten, bis er schön elastisch und glatt ist.
- Die Schüssel mit Mehl ausstreuen, den Teig hineingeben und mit einem Tuch abgedeckt an einem warmen Ort bis zum doppelten Teigvolumen aufgehen lassen.
- Schneller geht das, wenn man die Schüssel mit dem Teig in den auf 50 °C vorgeheizten Backofen für etwa 20 – 25 Minuten stellt. Den Teig erneut durchkneten.
- Ein Brot formen und auf ein mit Backpapier ausgelegtes Blech legen.
- Den Kartoffel-Brotteig nochmals etwa 20 Minuten im warmen Raum gehen lassen.
- Anschließend die ganze Oberfläche mit lauwarmem Wasser einpinseln.
- Auf den Boden des Backofens eine feuerfeste Schüssel mit etwa einem Liter kaltem Wasser stellen.
- Den Backofen nun auf 250 °C vorheizen.
  Das Brot auf der mittleren Einschubleiste 10 Minuten bei 250 °C backen.
- Ganz kurz die Backofentüre öffnen, um etwas vom Wasserdampf abzulassen.
  Die Backofentemperatur auf 210 °C zurückschalten, das Kartoffelbrot in etwa 40-45 weiteren Minuten fertig backen.

Erntedank-Bild

Aufgabe

Die Kinder malen das Mandala und das Bild darunter aus. Wer sich auskennt und möchte, kann die Namen der Obst- und Gemüsearten nennen.

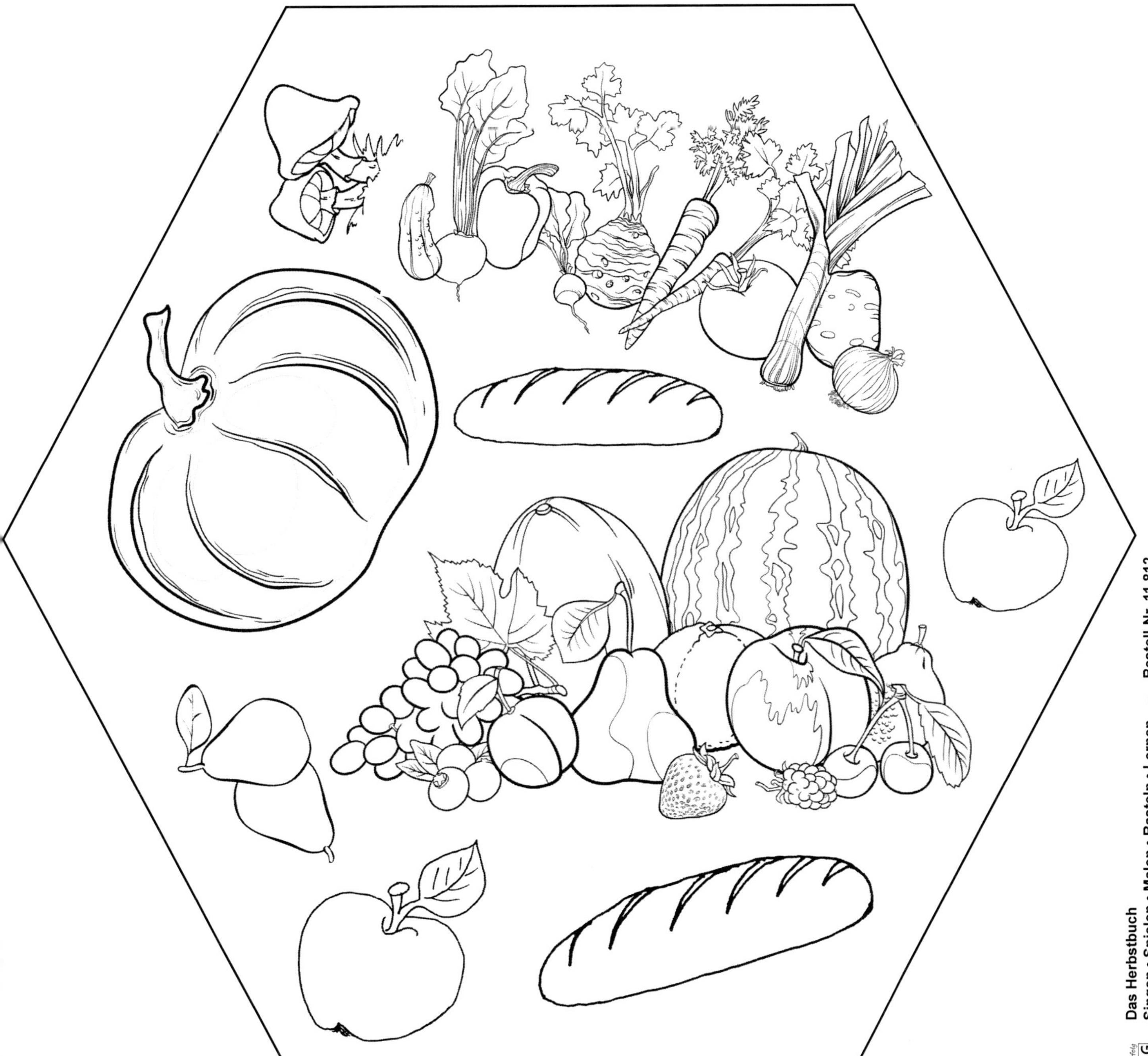

Obst und Gemüse – mit allen Sinnen

Aufgabe

Erfahrung mit allen Sinnen ist für Kinder besonders wichtig. Dadurch werden Erfahrungen entschieden besser aufgenommen und verinnerlicht. So machen wir sie mit Obst und Gemüse bekannt, indem sie es sehen, anfassen, riechen und schmecken.

Obst-Memory

Obstpaare sollen durch Sehen und Tasten gefunden werden.

Material:

- einen oder auch mehrere Körbe
- jede Menge Gemüse- und Obstpaare, bunt durcheinander gelegt, also immer zwei Kartoffeln, zwei Äpfel, zwei Birnen, zwei Möhren, zwei Paprika ...

Anleitung:

- Kinder, die Gemüse und Obst schon gut kennen, können die Gemüse- oder Obstpaare aus dem Korb mit verbundenen Augen erfühlen.
  Die Kleineren suchen die Gemüse- oder Obstpaare aus dem oder den Körben.
  Wer die meisten Paare gefunden hat, hat gewonnen.

Gemüse-Memory

Gemüsepaare sollen durch Sehen und Tasten gefunden werden.

Material:

- mehrere Schälchen
- verschiedene Obst- und Gemüsesorten, wobei man Gemüse wählen sollte, das auch roh gut schmeckt: Möhren, Paprika, Gurke, Tomate, Kohlrabi, Salat. Als Obst eignen sich Äpfel, Birnen, Weintrauben, Bananen, Apfelsinen ...
- Spielsteine, die bei richtiger Antwort vergeben werden

Anleitung:

- Obst und Gemüse in „mundgerechte“ Stücke schneiden.
- Jede Sorte in ein Schälchen füllen. Jeweils nur 2 oder 3 Sorten reichen.
- Decken Sie ein Tuch darüber und setzen Sie sich mit den Kindern an einen Tisch.
- Nun darf jedes Kind der Reihe nach ein Stück aus seinem Schälchen probieren.
- Es nennt den Namen des Obstes oder Gemüses.
- Ist der Name richtig, bekommt das Kind einen Spielstein.
  Wer zum Schluss die meisten Steine hat, gewinnt.

20 Halloween

Zum Vorlesen

„Vor Hunderten von Jahren war Halloween ein Fest im alten England. In dieser Nacht spukten Geister und Hexen auf der Erde herum, so glaubte man damals. Obwohl das Fest schon so lange her ist, verkleiden sich die Kinder heute noch als gruselige Gestalten, wie Gespenster, Hexen, Zauberer oder Vampire, um Geister abzuschrecken.“

Fingerspiel

„Fünf Gespensterchen hocken vor dem Fensterchen“

(Mit dem Daumen beginnend, beim Sprechen jeweils einen anderen Finger zeigen)

Das 1. schreit: Haaaa!
Das 2. heult: Hoooo!
Das 3. brummt: Huuuu!
Das 4. lacht: Hiiiiiiiii!
Das 5. schwebt zu dir herein und flüstert: „Woll’n wir Freunde sein?“

Gespenster basteln

Material für ein kleines Gespenst:

- ein Papiertaschentuch oder eine weiße Papierserviette
- Watte oder 1 Wattekugel
- Garn zum Binden
- 2 kleine Wackelaugen (oder einen Filzstift zum Aufmalen der Augen)
- einen rosa oder roten Filzstift für den Mund

Anleitung:

- In die Mitte des Taschentuchs legst du eine Watte- oder Styropor-Kugel.
- Den Hals bindest du mit einem Garnfaden ab und verknotest ihn gut.
- Mit den Enden des Fadens kannst du dein Gespenst aufhängen.
- Dann zupfst du noch vorsichtig die Lagen des Taschentuchs auseinander.
- Klebe oder male die Augen auf.
- Ihr könnt aus den Gespenstern eine Girlande binden und sie aufhängen.

20 Halloween

Spinnen basteln

Material für eine Spinne:

- einen Kiefernzapfen mit geöffnete Schuppen
- 4 Stück schwarzen Pfeifenputzerdraht, je 10 cm lang
- dunkle Wolle
- 2 Wackelaugen (oder Augen auf Pappe malen und ausschneiden)
- Schere, Klebstoff

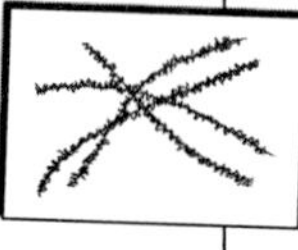

Anleitung:

- Die Spitze des Zapfens wird abgebrochen.
- Dann wird der Zapfen mit Wolle umwickelt.
- Nach einigen Runden werden die Beine (Pfeifenputzer) mit eingewickelt. (Die Spinne hat 8 Beine!)
- Wenn der Körper groß genug ist, wird der Faden verknotet.
- Nun werden noch die Augen aufgeklebt und die Beine in Form gebogen.

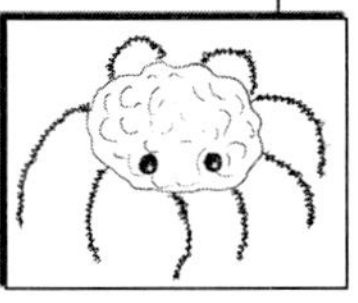

Fledermäuse basteln

Material für eine Fledermaus:

- eine leere Toilettenpapierrolle für den Körper
- 2-3 Tempos oder Küchenrolle für den Kopf
- Schere, Kleber, Farbkasten und Pinsel, Nadel, ca. 1 Meter Zwirn
- ein rosa Watteflöckchen (kann man färben) für die Nase
- 2 kleine schwarze Perlen für die Augen
- Schablonen: je 2 x auf dickes, dunkles Papier übertragen

Anleitung:

- Hinter den Ohren zieht ihr einen Faden durch. Nun kann man die Fledermaus aufhängen. Ihr könnt ein großes Mobile aus ihnen gestalten.
- Die Toilettenpapierrolle in der Mitte durchschneiden.
- Malt die Rolle schwarz, grau oder dunkelbraun an.
- Schneidet Flügel und Ohren aus.
- Knickt die Kleberänder um und schneidet sie einige Male ein.
- Formt aus den Tempos eine Kugel und steckt sie in die Rolle.
- Klebt Nase und Augen auf.
- Klebt Ohren und Flügel an den Körper.
  Form gebogen.

Fledermaus-Schablone

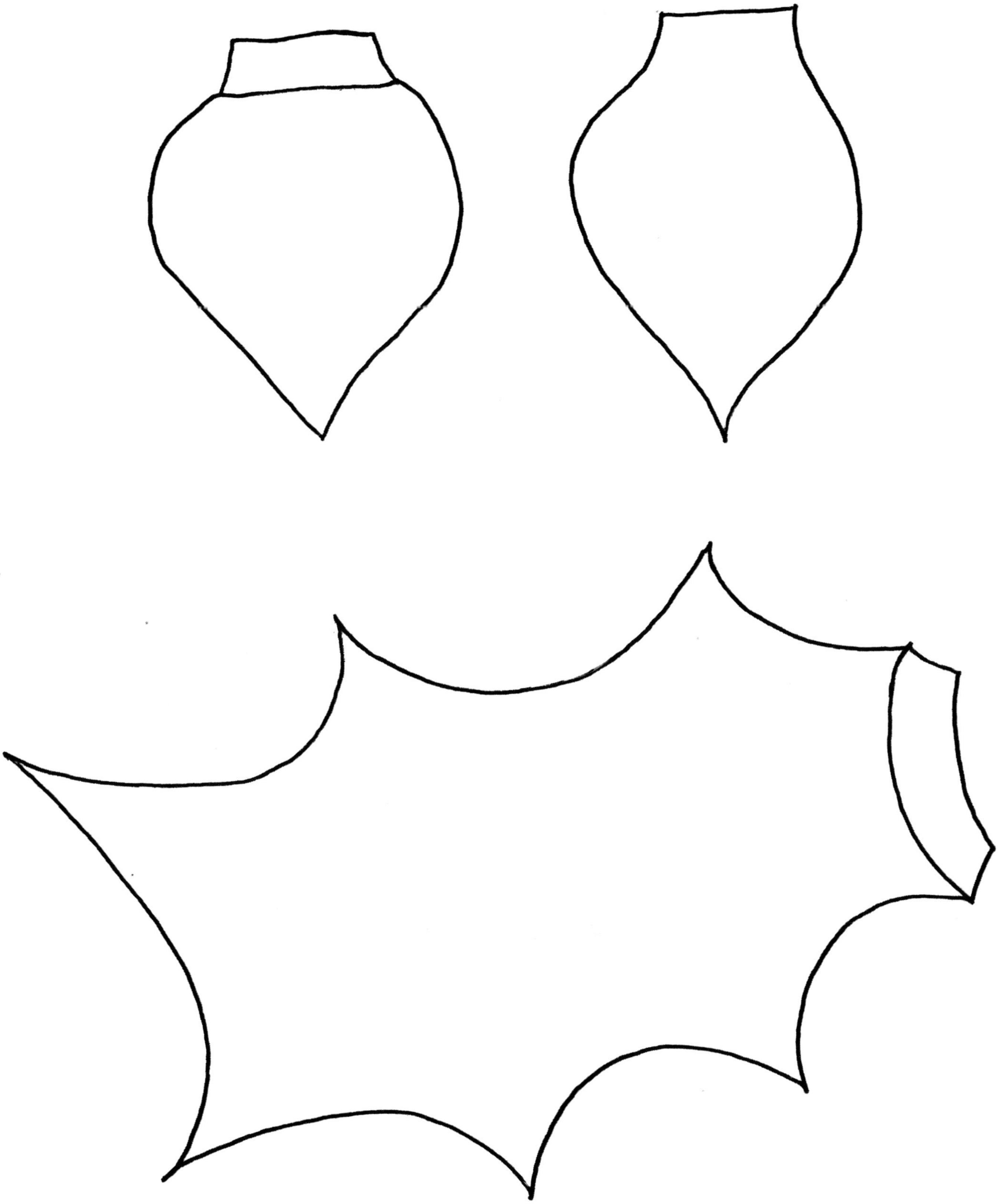

Das Herbstbuch
Singen • Spielen • Malen • Basteln • Lernen – Bestell-Nr. 11 812

20 Halloween

Kürbissuppe und (Fledermaus-)Kekse

Aufgabe

Zu Halloween gehört die Kürbissuppe. Die können Sie ganz einfach mit den Kindern zubereiten. Ein giftgrünes Getränk lässt sich mit Waldmeister-Sirup und Mineralwasser herstellen. Zum Nachtisch gibt es dann Fledermaus-Kekse.

Suppe

Zutaten:

- einen Kürbis (Hokaido-Kürbis muss nicht geschält werden, gibt es überall)
- je 2 Kartoffeln, 2 Möhren, 2 Zwiebeln, 2 Knoblauchzehen
- nach Geschmack 2 cm geriebenen Ingwer
- 1 Liter Gemüsebrühe (Würfel oder Glas)
- 1 Päckchen süße Sahne
- Salz, Pfeffer, Maggi, 3 Esslöffel Öl
- großen Kochtopf, Mixstab

Zubereitung:

- Kartoffeln, Möhren, Zwiebeln, Knoblauch und Ingwer schälen.
- Alles in Würfel schneiden.
- Kürbis waschen und in Viertel schneiden, Kerne entfernen.
- Kürbis auch in Würfel schneiden (der Satz muss raus).
- In einem großen Topf alles anrösten.
- Mit der Brühe aufgießen und etwa 20-30 Minuten kochen lassen, umrühren.
- Die Suppe pürieren (Pürierstab).
- Sahne zufügen und mit Salz, Pfeffer und evtl. Maggi abschmecken.

Kekse

Zutaten für etwa 30 Stück:

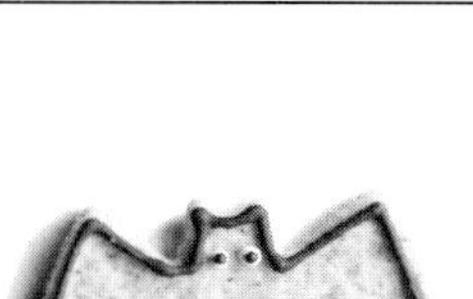

- 2 Eier
- 200 g Zucker, 1 Pck. Vanillezucker
- 250 g Butter
- 500 g Mehl, 1 Pck. Backpulver
- zum Verzieren: Puderzucker, evtl. Lebensmittelfarbe oder dunkle Kuvertüre

Zubereitung:

- Eier mit Zucker, Vanillezucker und Butter schaumig rühren.
- Mehl und Backpulver zugeben und den Teig gut kneten.
- Auf einer bemehlten Arbeitsfläche ausrollen.
- Nun Plätzchen ausstechen, es können Fledermäuse oder Geister sein.
- Die Plätzchen kommen anschließend auf ein belegtes Backblech.
- Bei 200° C (vorgeheizt) auf der mittleren Schiene im Ofen etwa 15 Min. backen.

Halloween

Zum Vorlesen

Kürbisse gibt es in ganz vielen Formen. Dazu gibt es weiße, grüne, gelbe, rote, orangene und bunte Kürbisse.

Aufgabe

Hier seht ihr einige Kürbisse. Immer zwei sind gleich. Malt sie in der gleichen Farbe bunt an. Schaut euch die Augen und den Mund genau an.

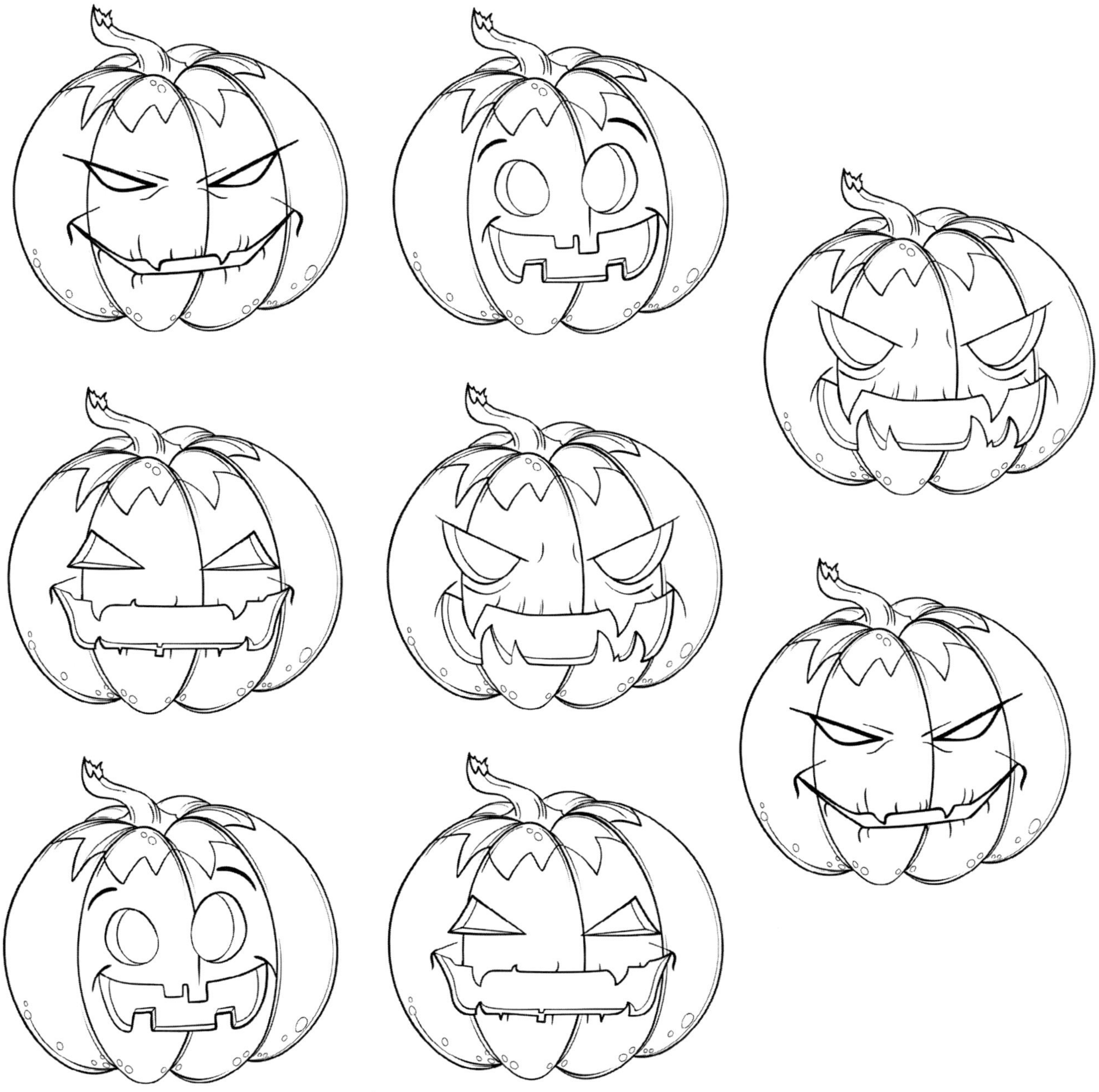

Das Herbstbuch
Singen • Spielen • Malen • Basteln • Lernen – Bestell-Nr. 11 812

21 Im November ist die Zwergenzeit

Aufgabe

Die Tage werden immer kürzer. Morgens geht man im Dunkeln aus dem Haus, und schon am frühen Nachmittag ist es wieder dunkel. Zeit für die geheimnisvollen Zwerge und ihre Geschichten. Nun sind Zwerge, evtl. eine Zwergenhöhle aus Moos und Wurzeln oder Rindenstücken auf dem Jahreszeitentisch zu finden.

Gedicht

In der Zwergenhöhle leise
singen Wichtel eine Weise
tanzen langsam um das Feuer
und erfreu'n sich ungeheuer.
November, das ist Zwergenzeit
komm herein, es ist nicht weit!

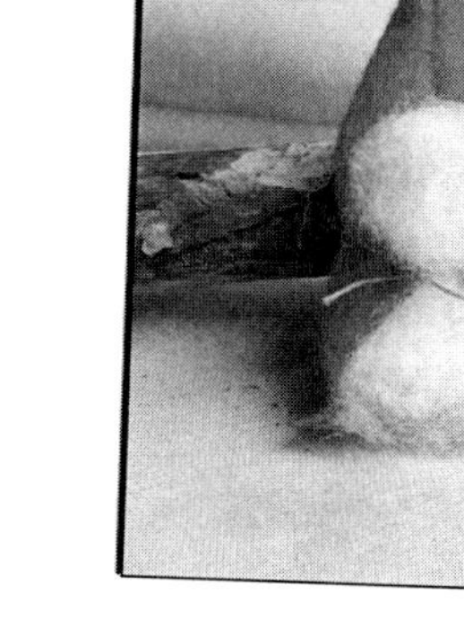

Filzzwerge

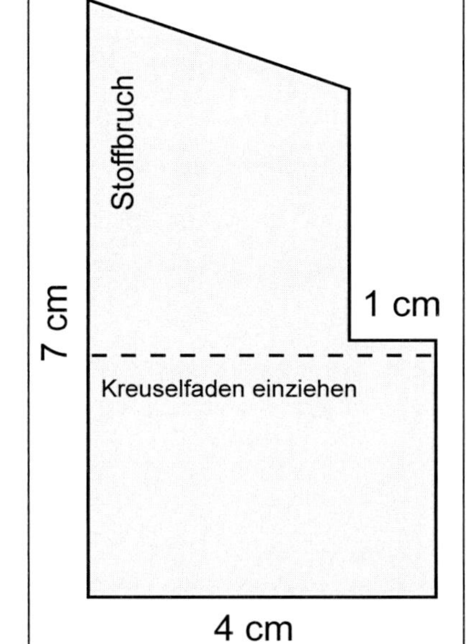

Material:

- verschiedene bunte Filzstücke, 7 x 8 cm groß
- passenden starken Faden (Zwirn)
- stumpfe Nadel, Schere
- Schafwolle oder ähnliches zum Füllen

Anleitung:

- Legt den Filz doppelt, wie auf dem Bild.
- Schneidet den Filz zu wie auf der Schablone.
- Zieht durch das ganze Teil den Kräuselfaden, Enden hängen lasen.
- Schließt nun die Naht an der Kapuze und wendet den Zwergenmantel.
- Schafwolle zupfen und in den Mantel stecken.
- Kräuselfaden anziehen und verknoten (das macht ihr zu zweit).
- Um das Gesicht kann ein wenig Wolle herausgezupft werden.
- Überstehende Wolle unten wird gerade abgeschnitten, damit der Zwerg gut stehen kann.

21 Im November ist die Zwergenzeit

Steinzwerge

Mütze zur Tüte rollen und festkleben

Umhang am Hals ankleben

Material:

- 2 glatte, ovale Kieselsteine, 1 x groß, 1 x klein, etwa 4-6 cm (vielleicht kann jedes Kind zwei Steine mitbringen, oder Sie kaufen einen Sack weiße Steine im Baumarkt)
- Alleskleber
- Wollfäden für Haare und Bart
- Deck- oder Acrylfarben
- einen schwarzen und einen roten Filzstift
- einen Filzkreis für Umhang und Mütze

Anleitung:

- Passende Steine für den Wichtelkörper aussuchen.
- Dann klebt den Wichtelkopf auf den Wichtelkörper. Achtet darauf, dass die Köpfe nicht zu schief sitzen. Stützt sie vielleicht ab oder lehnt sie an. Gut trocknen lassen!
- Dann malt ihr das Gesicht an. Wenn es getrocknet ist, malt ihr die Augen mit dem schwarzen Filzstift und den Mund mit dem roten auf.
- Jetzt können Bart und Haare aus Wollfäden angeklebt werden.
- Aus dem Filzkreis die Mütze schneiden, passend zusammenrollen
- Klebt sie am Kopf fest.
- Aus dem restlichen Filz schneidet ihr den Umhang und klebt ihn dem Wichtel um den Hals.

TIPP

Zu den verschiedenen Jahreszeiten kann diese Zwergenmannschaft dekorativ gestaltet werden:

- im Frühling mit Primeln, Kätzchen- oder Forsythienzweigen
- im Sommer mit Moos oder Sommerblumen
- im Herbst mit bunten Blättern, Kastanien, Eicheln …
- im Winter mit Zapfen und Watte

Das Herbstbuch
Singen • Spielen • Malen • Basteln • Lernen – Bestell-Nr. 11 812

21 Im November ist die Zwergenzeit

Aufgabe

Alle 7 Zwerge befinden sich im Puzzle. Schneidet die Dreiecke aus und legt sie passend zusammen.

***<u>Tipp</u>:** Ein Zwerg steht in der Mitte!*

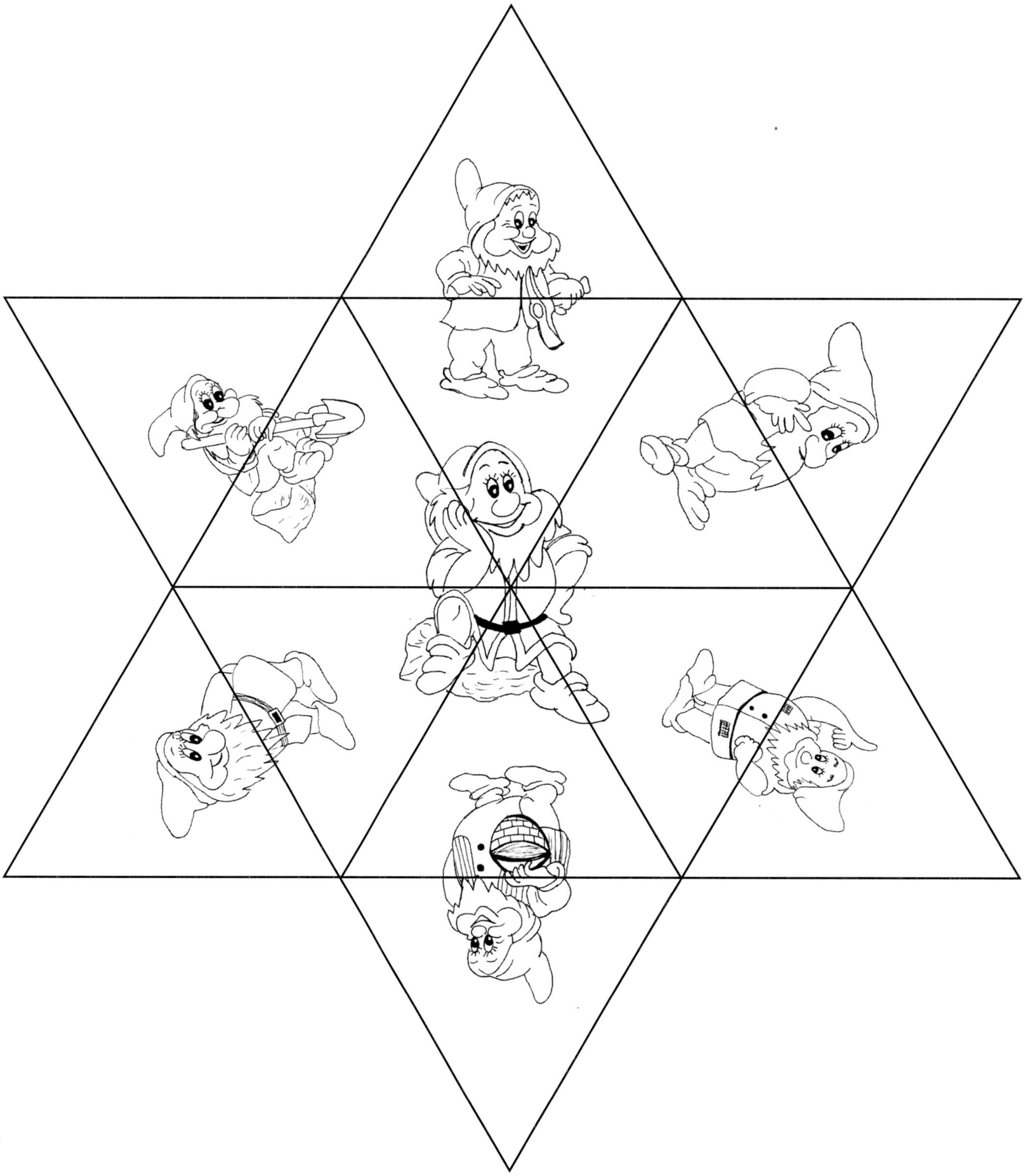

21 Im November ist die Zwergenzeit

Zwergenhaus zum Fertigmalen

Zum Vorlesen

„Die beiden Zwerge Fritz und Paul wohnen tief im Wald in ihrem Zwergenhaus. Leider seht ihr hier nur einen Teil davon. Zeichnet es fertig, mit Blumen und Bäumen, Himmel oder Wiese, und malt es bunt an."

Das Herbstbuch
Singen • Spielen • Malen • Basteln • Lernen – Bestell-Nr. 11 812

21 Im November ist die Zwergenzeit

Aufgabe

Alle Kinder stehen im Kreis. Sie haben ihre Zipfelmützen auf und singen das Lied. Ein Kind geht im Kreis herum. Bei „Bleib steh'n!“ stoppt das Kind und fordert ein weiteres Kind auf, mitzukommen. Bei jedem Stopp wird der Schweif der „Zipfelmütze“ länger. Der letzte beginnt als „Zipfelmütze“ das neue Spiel.

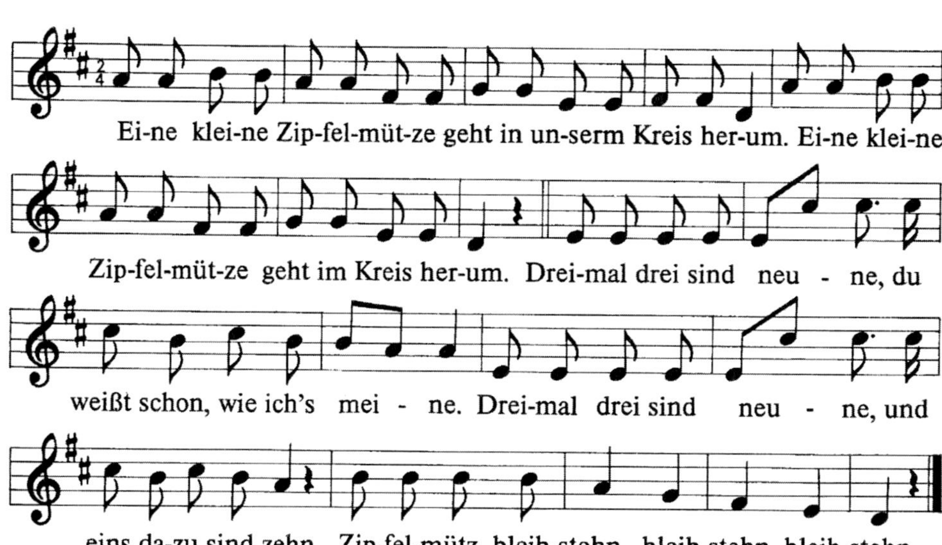

Eine Zipfelmütze basteln

- Der Zeitungsbogen wird über die Mittellinie zusammengefaltet.
- Zwei Ecken des Papiers werden entlang der Mittellinie zu Dreiecken zusammengeklappt.
- Die verbleibenden Streifen werden nach außen umgeklappt
- Die überstehenden Dreiecke werden umgefaltet. Nun hat man einen Papierhut.
- Nun kleben wir noch eine spitze Tüte als Zipfel an und biegen ihn leicht um.
- Der Hut wird nun geöffnet und quadratisch gefaltet.
- Zusätzlich kann er mit Deckfarben angemalt werden.

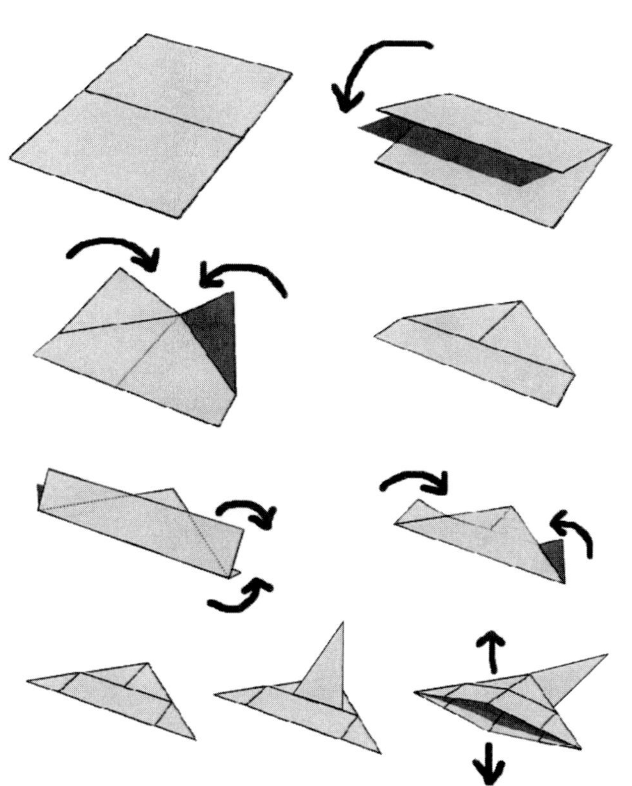

21 Sankt Martin

Aufgabe

Es gibt wohl kaum eine(n) Erzieher(in) oder eine Mutter, die nicht schon unzählige Laternen gebastelt hat. Hier die Anleitung für eine einfach zu bastelnde, hell leuchtende Laterne. Sie kann somit schon mit den Jüngsten gebastelt werden. Auf der nächsten Seite wird die Legende von Sankt Martin erzählt. Diese ist ebenfalls in einfacher Erzählweise zum Vorlesen.

Eine Laterne basteln

Material für die Laterne:

- 1 Käseschachtel (auch im Bastelgeschäft erhältlich)
- 1 Bogen Architektenpapier, DIN A4
- mehrere Wachsmalstifte in unterschiedlichen Farben
- 1 Haushaltsgummi, Schere und Kleber, etwa 30 bis 40 cm Draht
- Laternenstab mit Glühbirne, Bügeleisen.

Anleitung:

- Jedes Kind bekommt einen Bogen Architektenpapier.
- Es darf sich etwa 5 Stifte aussuchen, die es mit einem Gummi zu einem „Riesenstift" verbindet. Nun kann das Kind über das ganze Papier Kreise, Linien oder Muster ziehen.
- Dann wird das Bild von links auf Zeitungspapier gebügelt. So verlaufen die Farben noch ineinander.
- Der äußere Rand der unteren Schachtel wird mit Kleber eingestrichen und das Papier angeklebt. Wenn die Schachtel zu klein ist, muss das Papier evtl. ein wenig gekürzt werden, es sollte nur gut 1 cm überlappen.
- Auch die beiden überlappenden Seiten des Papiers werden verklebt.
- In den „Deckel" werden gegenüber liegend zwei Löcher gebohrt.
- Dann wird der „Deckel" ebenfalls mit Kleber bestrichen und in die Öffnung der Laterne geklebt.
- Nun wird der Draht ein wenig gebogen und durch die vorgefertigten Löcher gezogen.
- An diesem Draht kann der Laternenstab eingehängt werden.

Und schon ist die Laterne fertig!

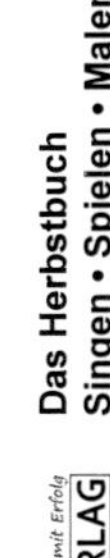

Die Legende von Sankt Martin

Zum Vorlesen

„Es war einmal ein Soldat, der hieß Martin.
An einem kalten Tag im Herbst soll er eine Botschaft in die nächste Stadt bringen.
Es schneit. Martin reitet mit seinem Pferd los.
Er trägt einen Helm und ein Schwert.
Der Wind bläst Martin kalt ins Gesicht. Doch Martin hat einen dicken, roten Mantel.
Der wärmt ihn.
Am Stadttor sitzt ein armer Mann im Schnee, der kein Zuhause hat.
Er ist ein Bettler. Er friert und hat Hunger. Er ist in Lumpen gekleidet.
Der Bettler ruft: „Helft mir!“ Viele Menschen gehen vorbei. Sie kümmern sich nicht um ihn.
Andere gucken erst gar nicht hin.
Dann kommt Martin. Sein Pferd stoppt und er bleibt bei dem Bettler stehen. Martin zieht sein Schwert und teilt den dicken, roten Mantel in zwei Teile.
Er gibt dem Bettler eine Hälfte. Die andere Hälfte behält er selbst.
Der Bettler freut sich sehr und möchte Martin danken. Doch Martin ist schon davongeritten.
Martin beschließt, nicht mehr Soldat zu sein. Er gibt sein Schwert und seinen Helm ab.
Er will den Menschen Gutes tun und der Kirche dienen. So wird er Mönch.
Als der Bischof stirbt, soll Martin Bischof werden. Aber Martin will nicht.
Als die Leute kommen und ihn holen wollen, versteckt er sich in einem Stall. Doch die Gänse, die bei jedem Fremden laut schnattern, verraten ihn. Martin ist deshalb sehr böse auf die Gänse.
Martin wird nun Bischof und hilft vielen Menschen.
Deshalb feiern wir heute noch das St. Martinsfest.
Und weil Martin so böse auf die Gänse war, gibt es vielleicht noch heute an Sankt Martin sehr oft Gänsebraten .....“

23 Der Nikolaus

Zum Vorlesen

„Auch Nikolaus war Bischof, genau wie Sankt Martin. Er lebte in der heutigen Türkei. Seine Eltern waren sehr reich, doch sie starben früh. Nikolaus war sehr traurig. Aber er half den Bedürftigen, wo er konnte und verteilte seinen Reichtum an Menschen, die Hunger oder kein Zuhause hatten.
Noch heute wird am 6. Dezember in vielen Ländern das Nikolausfest gefeiert. In Deutschland stellen die Kinder abends am 5. Dezember Schuhe oder Stiefel vor die Tür. Sie hoffen, am nächsten Morgen Geschenke oder Süßigkeiten darin zu finden."

Aufgabe

Die Kinder malen den Nikolaus aus und zeichnen, was er alles in seinem Sack hat: Nüsse, Äpfel, Süßigkeiten, kleine Geschenke ...

TIPP

Als Konzentrationsübung kann das bekannte Spiel „Ich packe meinen Koffer und nehme mit ..." gestartet werden. Nur heißt es hier: „Der Nikolaus hat in seinem Sack Äpfel." Das nächste Kind fügt hinzu: „Der Nikolaus hat in seinem Sack Äpfel und Nüsse." ... Wer kann sich am meisten merken?

KOHL VERLAG Lernen mit Erfolg
Das Herbstbuch
Singen • Spielen • Malen • Basteln • Lernen – Bestell-Nr. 11 812

Nikolaus-Würfelspiel

Anleitung

Material:

- Kopiervorlage Nikolaus
- Würfel
- 3-4 Spielsteine pro Kind

Spielverlauf:

Der Nikolaus ist ein Spiel für 3-5 Kinder. Sie brauchen einen Würfel und 3-4 Spielkarten für jedes Kind 3 bis 4 S (siehe unten, es können auch Nüsse, Legosteine oder ähnliches sein). Die Vorlage, den Nikolaus, können Sie auf weiße Pappe kopieren (vorzugsweise vergrößern), anmalen und laminieren. So bleibt das Material länger schön und brauchbar.

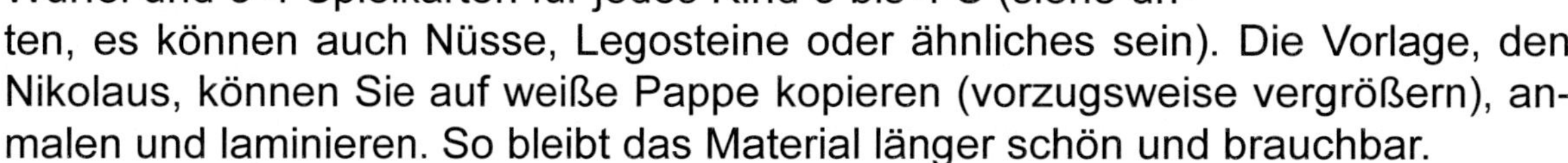

Nun wird reihum gewürfelt. Jeder legt neben die Augenzahl, die er geworfen hat, ein Kärtchen ab, wenn dort noch keines liegt. Liegt auf einer der gewürfelten Augenzahlen bereits ein Kärtchen, darf dieses genommen werden.

Ausnahme: Wer eine Sechs würfelt, legt einen Stein in den dicken, runden Bauch des Nikolaus. Wer alle seine Steine verloren hat, scheidet aus. Sieger ist, wer als Letzter übrig bleibt.

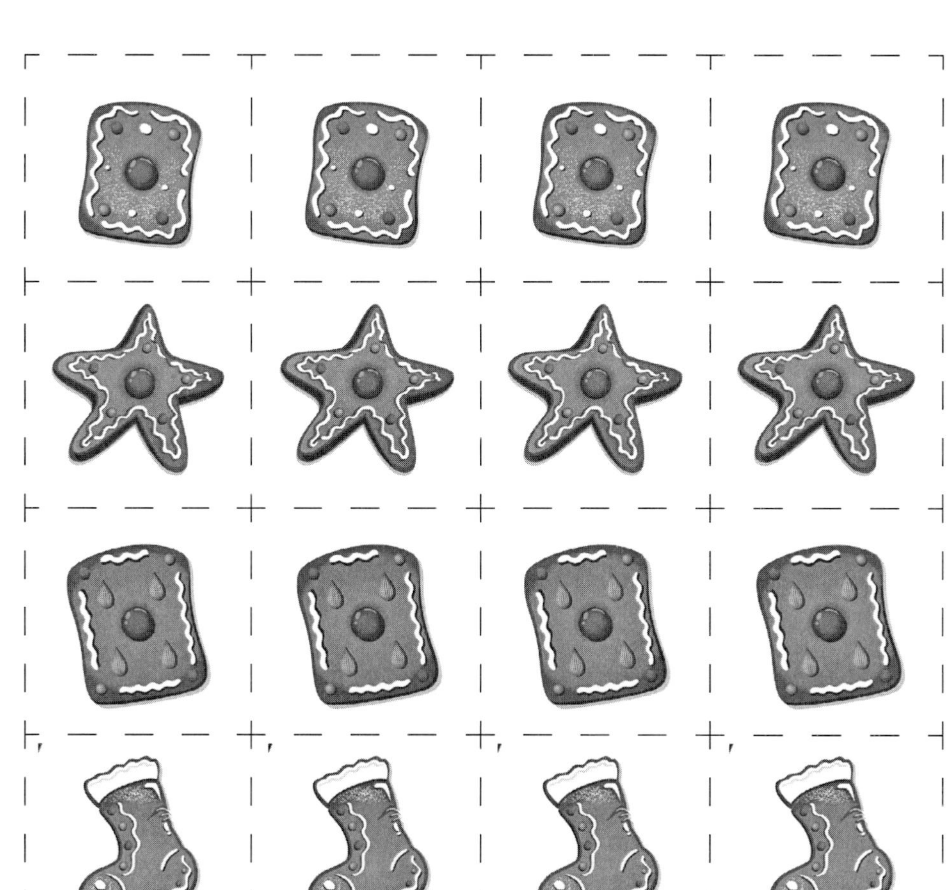

23 Der Nikolaus

24 Fantasiereise: Der kleine Engel

Aufgabe

Im Gruppenraum ist es halbdunkel. Im Dezember wird es oft den ganzen Tag nicht richtig hell. Doch die Adventszeit ist Kerzenzeit. So herrscht die richtige Atmosphäre für eine Fantasiereise mit dem kleinen Engel, der aus der Kerzenflamme schwebt.

Vorgehensweise: *Sie breiten dazu eine Decke auf dem Boden aus und bitten die Kinder, darauf Platz zu nehmen. In die Mitte stellen Sie eine dicke, rote Kerze, die auch von einem Glas umgeben sein darf, wenn Ihnen das sicherer ist. Dann lesen Sie die Geschichte langsam vor. Die Kinder sollten die Augen schließen.*

Die Kinder erzählen von ihrer Reise durch den Weihnachtshimmel (ein kleiner Engel aus Märchenwolle geht herum).

Regel: *Nur das Kind, welches den Engel in den Händen hält, spricht. Die anderen sind still und hören einander zu.*

Zum Vorlesen

Du schaust in die Kerze und siehst einen kleinen Engel im Licht. Er hat weiche, weiße Flügel. Er lächelt dir freundlich zu. „Guten Tag“, begrüßt dich das freundliche Engelchen. „Hast du Lust, mit mir eine Reise durch das Wolkenland zu machen? Ich bringe dich auch wieder hierher zurück. Das verspreche ich dir“. Du überlegst einen kurzen Moment, doch einen Ausflug mit einem Engel zu machen, das ist schon etwas ganz besonderes. „Gern“, sagst du zu dem kleinen, freundlichen Engel. Er gibt dir seine winzige Hand und sagt „ich werde dich sicher führen.“ Gemeinsam geht ihr Hand in Hand durch den Wald. Überall stehen kleine Tannenbäume. Der Waldboden ist ganz weich. Mitten im Wald kommt ihr zu einer kleinen Wiese. Ganz ruhig und zufrieden gehst du mit dem Engel weiter. Doch dann merkst du, wie ihr über der Wiese schwebt. Ein sanfter Wind trägt dich und den kleinen Engel höher und höher, bis in die Wolken. Wie weiße Wattebälle liegen die Wolken um dich herum. Doch dann werden die Wattewolken rosa und leuchten zart, ein wunderschönes Licht erstrahlt. „Wir sind im Weihnachtshimmel,“ flüstert der kleine Engel dir zu. Du siehst viele kleine Engel. Sie backen Plätzchen und nähen Puppen und Teddybären zusammen. Wunderschön ist es hier. Du spürst eine große Ruhe und Stille in dir. Doch du merkst, dass du nun langsam wieder zurück möchtest. Du schaust dich noch einmal um und bittest dann den kleinen Engel, dich zurückzubringen. Der Engel schwebt mit dir zur Erde, zurück zum Kindergarten. Zum Abschied umarmt er dich liebevoll. Du weißt ganz genau, dass du irgendwann hierher zurückkehren möchtest. Du atmest tief ein und aus, tief ein und aus. Recke und strecke dich. Öffne deine Augen und setze dich auf, wenn du es möchtest. Du bist zurück.